これで読む力がぐんぐんのびる!!

工藤順一＋国語専科教室［著］

もっと楽しく、もっと深く
本のおもしろさに目覚めるなるほど問題に
チャレンジ!!

合同出版

読者のみなさまへ

読む力とは

わたしたち国語専科教室で考えている「読む力」とは「読解力＝読解問題を解く力」ではなく、「一冊の本を読み通す力」のことです。この考え方は、ひとつの単語が文の前後の脈絡でさまざまに意味を変えるように、文章の一節も一冊の本という全体のなかの部分であり、全体が見えてはじめて一節の意味も最終的に確定するという考え方からきています。

国語専科教室では、この10年以上に渡って、地道に何千冊もの本を買いそろえ、生徒ひとりひとりの読書指導に苦心惨憺しながらも、全体として体系立った読書指導の方法論を追究してきました。その結果、何ともうれしいことに、長期に渡る読書指導にさえ成功すれば、あとは、学力の問題も含むさまざまな教育問題はほとんど解決してしまい、そのうえ、読書という生涯に渡る人生の宝もの・生き甲斐のようなものすら授けることができる、ということがわかってきたのです。

発達段階に応じた読書指導とこの本の構成

この本では、子どもの発達段階をふまえた長期に渡る読書指導の実際を各段階ごとに章立てし、くわしく解説しました。発達途上にある子どもたちは、ひと学年異なるだけでまるで別の生きものにも等しい違いがあります。つまり「読む力」といっても、じつは、各学年あるいは発達段階によって内実は相当に異なっており、それに対応できるきめ細かな指導の工夫が必要なのです（くわしくは、その発達段階を5段階にわけた、拙著『国語のできる子どもを育てる』（講談社現代新書）をご参照ください）。

第1章は、プライマリー読書と名づけ、就学前から、小学校1、2年生ころまでの読書指導について書いています。この時期は、いわゆる「読み聞かせ」といわれる活動が中心になりますが、一方でわたしたちは、「読み聞かせ」ということばが醸し出す押しつけがましい響きに違和感をもっています。

一般的な「読み聞かせ」では読み手が主役になりがちなのとは異なり、国語専科教室の指導は、つぎのステップである「黙読＝ひとり読み」を前提に、読み手は黒子的な役割に徹します。

この時期の指導に成功すると、その後につづく指導は極めて実り多いものになります。レッスン3であげた「読んだフリ」をする子どもは、教育熱心な（すぎる）親のもとで過ごす子どもにありがちなことで、これまでには語られることのなかったアプローチです。

第2章は、スタンダード読書と名づけ、本格的な「ひとり読み」の世界に入っていきます。スタンダード読書が想定する発達段階は、小学校4～6年生です。この段階で大切なのは、本の内容をきちんと把握することです。しかし、注意しなければならないのは、学校や塾の国語でおこなわれている読解指導のように、細部の解釈にあまりにこだわると「角を矯めて牛を殺す」こと――つまり、子どもを国語ぎらいや本ぎらいにしてしまいかねないということです。

　そこで、主題をはずさず、おおまかに本一冊を要約するという作業をします。もちろん、ここでも、ひとつの主題がクイズの正解のようにあるわけではありません。時代や読み手が異なると、主題すら異なってくるのが文学の醍醐味というものです。

　この本では、レッスン8以下で『トムは真夜中の庭で』（フィリパ・ピアス著／岩波少年文庫）を取り上げています。しかし、教室の読書指導では、この本を読む前に、生徒は杉みき子さんの『小さな町の風景』（偕成社）を一冊まるごと、数カ月もかけて要約しながら精読します。そのプロセスについては、拙著『論理に強い子どもを育てる』（講談社現代新書）に詳述しています。また、拙著『これで書く力がぐんぐんのびる!!』（合同出版）では、『小さな町の風景』を題材にしたレッスンを紹介していますので参照してください。

　「読み・書き」は、表裏一体のものです。ですから、この本は、『これで書く力がぐんぐんのびる』の姉妹編でもあります。

　第3章は、ハイレベル読書と名づけ、小学校6年生から中学生以上の発達段階を想定しています。この段階で必要なことは、論理的でクリティカルな読解です。書かれている内容を論理的にまとめてみたり、鵜呑みにしないで「つっこみ」を入れたり、分析したりしながら読むということを学んでいきます。

　第4章は、「考える教室」読書と名づけ、高校生以上の発達段階を想定しています。この本では、エンデの『モモ』の再読を、あくまでもひとつの例として書いていますが、この段階では、親や教師からの自由と自律が目的となります。何かの本を読むように指示されてはじめて読むのではなく、自由に、そしてあくまでも自発的に読むという段階です。この段階の指導は、生徒個人によってまったく異なってくるといってかまいません。

この本の使い方

　この本では、子どもの発達段階に応じた読書指導の内容を紹介するために、あえて学年という具体的な数字をあげました。しかし、学年や年齢は目安に過ぎません。実際には、生徒ひとりひとりの発達段階を見きわめ、それに合わせた指導をすることが欠かせません。

　たとえば、小学5年生であっても、プライマリー読書、つまり「読み聞かせ」からはじめることもよくあります。反対に、読む力が高い生徒には、スタンダード読書を卒業させ、ハイレベル読書に取り組ませることもあります。

　レッスン1から順に取り組ませる必要はありません。子どもの学年だけにとらわれず、まずは発達段階に合うと思うレッスンに取り組ませ、結果を見て、レッスンをいきつもどりつしながら、「読む力」を育てていただければ幸いです。

　　２０１１年3月

国語専科教室代表　工藤順一

もくじ

第1章

「ひとり読み」の力を身につける プライマリー読書

プライマリー読書で身につく力

- 楽しいから本を読むという積極性
- 相手の話にきちんと耳を傾けられる根気
- 「国語力」の土台となる「読み」「書き」の基礎

プライマリー読書のはじまり

子どもは2歳半～3歳ころになると、本＝物語、つまり文学を楽しめるようになります。それがプライマリー読書のはじまりです。

あえて「文学」といいかえたのは、「いないいないばあ」など、しかけで子どもの気をひこうとするおもちゃの一種や、身のまわりのものの名前をただ羅列してあるだけの本と区別するためです。子どもはその後、絵本との蜜月期である4～6歳を経て小学校就学を迎え、やがてスタンダード読書へと移行していきます。

「ひとり読み」への移行を目指して読み聞かせからはじめる

小学校就学前に絵本をたっぷりと楽しんだ子どもならば、文字は、物語の先を知り、それを心に描く手段であることを自然と理解し、自ら文字を追いはじめます。

しかし、そうでなかった子どもにとってみれば、文字は単なる記号であり、たどたどしく文字を追い、それをいくつかの単語に変換し、さらに文章として理解するには相当の時間を要するのです。本を読むたびに、こんなまどろっこしい作業をやらされていたら、どんな努力家でも音を上げてしまうに違いありません。

そうした子どもたちの手助けとして、プライマリー読書では、まず「読み聞かせ」をおこないます。時間を忘れて物語を楽しむためには、物語の主人公に自分を同化させることがもっとも重要ですが、「読み聞かせ」はその橋渡しの役割も果たします。

まずは絵本の「読み聞かせ」からはじめましょう。物語を聞きながら、挿絵を存分に堪能することが、子どもの想像力の助けになるからです。視覚と聴覚の両方を同時に使うことで、子どもは、物語をより立体的に認識します。

また、本を読んでもらうことは、本来は孤独な営みであるはずの読書を、だれかと共有できる体験です。こうしたさまざまな読書体験を通して、できれば小学校1、2年生のうちに、読書が子どもの生活の一部になるよう、方向づけていきます。

「楽しいから読む」という姿勢こそ

子どもたちは、自分の好みに対して大人よりずっと忠実です。成長するにつれ、読む本のジャンルは広がりますし、読書以外の楽しみもますます増えていきます。忙しくて本を読む時間がとれない時期もくるかもしれません。しかし、プライマリー読書の時期に、人生を誠実に生き生きと語る本に触れることができれば、何かのきっかけでまた、本に触れ合うようになるはずです。

ですから、プライマリー読書の時期に、どんな本を、どんな環境で読むかが、その後の読書人生を決めてしまうといっても過言ではありません。

さらに、プライマリー読書は、その後の「読み書き」の土台となって、子どもの「国語力」を支えます。

子どもたちはいきつもどりつ、しかし確実に前進します。読書は勉強だと子どもに思わせてしまうと、飽きたら最後、止めてしまうでしょう。しかし、「楽しいから読む」と思わせることができれば、長く持続するのです。プライマリー読書で子どもに教えたいのは、まさにこの「楽しいから読む」という読書に対する姿勢なのです。

レッスン 一

「ひとり読み」を目指して「読み聞かせ」をする

解説

①子どもを読み手の近くにきちんと腰掛けさせ、静かな環境で「読み聞かせ」をおこないます。

②小学校就学前の「読み聞かせ」は絵本が中心です。小学校へ入学したら絵本と読み物を、毎日少しずつ読み進めます。

③「ひとり読み」の場合、少なくとも30分程度の時間をとって、子どもがじっくりと本を読むことができるようにします。5分、10分などといった短い時間に区切って読書させてはいけません。また、静かな環境で読ませます。

「ひとり読み」への移行を目指した「読み聞かせ」のルール

①「黙ってお話を聞くこと」を約束させる

「読み聞かせ」をおこなう前に、子どもたちには、もし、途中でつまらなくなったら、ほかの人の邪魔にならないようにそっと席を離れるように伝えます。

「読み聞かせ」は、ほんらい、読み手と聞き手が1対1、もしくは1対2くらいでおこなうのがちょうどよく、大勢を相手に声を張り上げてするようなものではありません。ショーではないからです。国語専科教室では、多いときでも子どもの数は5、6名のため、親密な「読み聞かせ」の時間を過ごすことができます。それでも、「読み聞かせ」に集中している子どもと、そうでない子どもの差が歴然としてしまうことは珍しくありません。

そこで、集中できない子どもに場が乱されないように、読み手はあらかじめ、冒頭のような注意を与えておきます。

②書かれていることは書かれている順番ですべて読む

「ひとり読み」への移行を目指した「読み聞かせ」なのですから、本に書かれている情報や、作者名や出版社名などは、すべて声に出して読みます。

もちろん、あらすじや、中身が想像できてしまうような記述、大人向けのあとがきは避けますが、そのほかの情報は、子どもに代わって読み手がすべて読みます。

③過剰な演出や表現を加えず淡々と読む

本を声に出して読み、子どもたちとともに楽しもうと考える大人は、自らも読書好きであるに違いありません。そんな大人が、自ら選んだ本を好奇心いっぱいの子どもたちの前で読みあげるのですから、読み手の解釈や思い入れが、声色や多少の演出として表れるのはあたりまえです。そして、聞き手である子どもたちにとっては、それくらいの演出がちょうどよいのです。

ところが、昨今、いかにして子どもの気をひくかということに躍起になるあまり、ほんらいの意義を見失った「読み聞かせ」が目立ちます。とくに、学校などでおこなう「読み聞かせ」は、大勢の子どもたちの前で読む機会が多いからか、読み手が主役になってしまい、いつしか子どもたちの視線は、眼前に開かれている絵本ではなく、声色を使い分けながら子どもたちの顔をのぞきこむ「読み手」に注がれています。

なぜ、子どもたちに本を読み聞かせるのか。その目的を問われれば、子どもに本の楽しさを知って欲しいから、本を好きになってもらいたいから、と答えるはずです。それならば、大げさな語りを封印し、本＝物語の力が存分に引き立つように、読み手はあくまでも黒子に徹してはいかがでしょうか。

読み手の本への愛情と信望を感じながら、しかし、子ども自身の心は穏やかな声で語られていくお話にぴったりと吸い着いている——というのが「読み聞かせ」の理想のかたちです。

④脱線をせずに最後まで読む

「脱線しない」とは、「読み聞かせ」の途中で「あれなーに？」などという子どもからの質問に、いちいち答えないということです。

その説明をしなければ、子どもが内容を理解するのにどうしても支障がある、という場合は当然あります。しかし、幾度も中断を強いられるようなことがあってはいけません。

印象深いエピソードがあります。6人の生徒を前に「読み聞かせ」をしているとき、「黙って聞くこと」をあらかじめ約束していたにもかかわらず、ひとりの女の子が「これ、どうして○○になったの？」「○○は、逃げちゃったの？」などと質問をはじめました。

私は、唇の前に人差し指を立てて「しーっ」とやってみたり、「静かに」と小声で注意したりしていたのですが、そんななか、黙って聞き入っていた男の子が「（聞いていれば）もうすぐわかるよっ！」とその女の子に向かっていい放ったのです。

集中して聞いていたその男の子にとって、女の子の質問は雑音でしかなく、それがいかにわずかな中断であってもゆるせなかったのでしょう。目と耳をそらすことなく一冊の本と向き合うときの子どものすさまじい集中力を、妨げることだけはあってはなりません。

⑤読み終えた後に「おもしろかった？」と尋ねない

本を楽しむことに慣れていない子どもたちにとって、ほかの遊びと読書との明らかな違いは、楽しんだ後、読書にはいろいろと面倒くさいおまけがつくということです。

その最たるものが「読書感想文」でしょう。しかし、読んだそばからあれこれと感想を求められることにも、きっと大いに負担を感じているに違いありません。そもそも、子どもから感想を引き出すのに、「おもしろかった?」という問いかけは無意味です。なぜなら、この問いへの答えは「うん」のひとことですませてしまえるからです。

⑥読み手自らが感じたこと、印象に残った場面について話し、作者や時代背景など、その本についての知識を積極的に伝える

読み手が自分の感想やその本に関する知識を伝えることが、子どもたちの感想を引き出し、ことばによって思いを伝えたいという欲求を刺激する好機となります。

読み手のことばをきっかけにして、子どもから「そうは思わなかった」などの意見が出ることもあるでしょう。どこの国の物語かを知ったかれらが、その国について話しはじめたりすることもあります。

「読み聞かせ」のパラドックス

「読み聞かせ」ということばは、とても使い勝手がよく、教室でも頻繁に口にしてしまいます。それどころか、「読み聞かせ」はプライマリー読書の要でもあります。

しかし、わたしはこのことばにはどうしてもなじめません。「聞かせ」という何とも妙な響き。読む側が強いる恩きせがましさと、「とにかく座って聞きなさい」という圧力のようなものを感じてしまうからです。そこには聞き手の意思が見えません。

もし、ことば通り、相手が望んでいないのに、無理やりに「読み聞かせ」をおこなえば、本の楽しみを伝えるという意味では逆効果になってしまいます。強制的にやらされることで、わたしたちが好きになれることなどあるでしょうか。本を読むこととひきかえに、何かを犠牲にしたり、我慢しなければならないならば、その子どもは、なかなか本を好きにはならないでしょう。

「読み聞かせ」はあくまでも楽しみのひとつなのですから、その提供者である読み手は、常にそのことを忘れずにいたいものです。

レッスン 2

本を選ぶ

●プライマリー読書期ですすめたい本

人の心の機微を知る	生きる知恵を養う
 『あくたれラルフ』 ジャック・ガントス作／ニコール・ルーベル絵／いしいももこ訳／童話館出版	 『ランパンパン』 マギー・ダフ再話／ホセ・アルエゴ＋アリアンヌ・ドウィ絵／山口文生訳／評論社
 『ロバのシルベスターとまほうの小石』 ウィリアム・スタイグ作／せたていじ訳／評論社	 『すんだことはすんだこと』 ワンダ・ガアグ再話＋絵／佐々木マキ訳／福音館書店
 『ぞうのババール』 ジャン・ド・ブリュノフ作／やがわすみこ訳／評論社	 『岩波おはなしの本』シリーズ 岩波書店
 『ずどんといっぱつ』 ジョン・バーニンガム作／渡辺茂男訳／童話館出版	 『太陽の東 月の西』 アスビョルンセン編／佐藤俊彦訳／岩波少年文庫
 『きかんぼのちいちゃいいもうと』シリーズ ドロシー・エドワーズ作／渡辺茂男訳／酒井駒子絵／福音館書店	 『日本昔話百選 改訂新版』 稲田浩二＋稲田和子編著／丸木位里＋丸木俊絵／三省堂

［＝おもに読み聞かせ　ほかは「読み聞かせ」「ひとり読み」どちらでも可］

解説

プライマリー読書でお薦めの本
昔話――生きる知恵を養う

昔話は、先人が暮らしのなかで体得し、蓄えてきた「生きる知恵」が口承されたものです。もともと子どものためにつくられたものではありませんから、ほんらいの昔話には道徳的な意義はありません。もっと、生きることに根ざした人間の本源を語っています。

　昔話は、できるなら、小学校就学前にこそたっぷり楽しんでほしいものです。昔話をよく楽しんだ子どもたちは、科学的で合理的なもの以上に、何か不思議な力がはたらくこともあるのだと信じることができ、素

行間を読む		主人公になりきる		異世界への想像力を育む	
	『赤い目のドラゴン』 リンドグレーン文／イロン・ヴィークランド絵／ヤンソン由実子訳／岩波書店		大型絵本 『ひとまねこざるときいろいぼうし』 H.A.レイ作＋絵／光吉夏弥訳／岩波書店		『トロールものがたり』 イングリ・ドーレア＋エドガー・ドーレア作＋絵／へんみまさなお訳／童話館出版
	『ビロードうさぎ』 マージェリィ・ウィリアムズ作／ウィリアム・ニコルソン絵／いしいももこ訳／童話館出版		『ピーターラビットのおはなし』 ビアトリクス・ポター作＋絵／いしいももこ訳／福音館書店		『スズの兵隊』 アンデルセン作／マーシャ・ブラウン絵／光吉夏弥訳／岩波書店
	『かあさんのいす』 ベラ・B・ウィリアムズ作＋絵／佐野洋子訳／あかね書房		『チムとゆうかんなせんちょうさん』 エドワード・アーディゾーニ作／せたていじ訳／福音館書店		『魔法使いのチョコレート・ケーキ』 マーガレット・マーヒー作／シャーリー・ヒューズ絵／石井桃子訳／福音館書店
	『かわせみのマルタン』 リダ・フォシェ文／フェードル・ロジャンコフスキー絵／いしいももこ訳／童話館出版		『あおい目のこねこ』 エゴン・マチーセン作＋絵／せたていじ訳／福音館書店		『たのしいムーミン一家』 トーベ・ヤンソン作＋絵／山室静訳／講談社青い鳥文庫
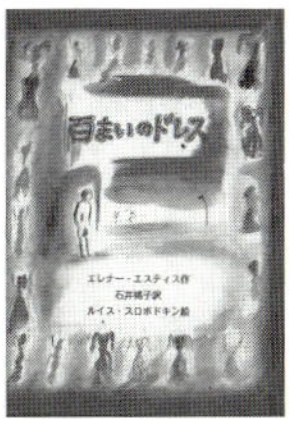	『百まいのドレス』 エレナー・エスティス作／ルイス・スロボドキン絵／石井桃子訳／岩波書店		『やかまし村の子どもたち』 リンドグレーン作／イロン・ヴィークランド絵／大塚勇三訳／岩波書店		『ピノッキオの冒険』 カルロ・コッローディ作／エドアルド・バルゲール絵／杉浦明平訳／岩波少年文庫

直にファンタジーの世界へも入っていくことができます。

ファンタジー――人の心の機微を知る。異世界への想像力を育む

この時期の子どもは、まだ現実と虚構の垣根が低く、ファンタジーを自分のなかにかんたんに取り込みます。つまり、ファンタジーと同じ地平に立つことができるのです。この時期には、できるだけ多くの良質なファンタジーに触れてほしいと考えます。ファンタジーとは想像力や象徴の世界ですから、そこで主人公とともにさまざまな体験をする、そのときの感動こそが、もっとも深い物語の理解へとつながるのです。

絵本から読みものへ

「〇年生で絵本は卒業」という仕切り方はしませんが、ひとり読みへ移行する3年生ごろには、絵本ではない少し厚めの物語を読み聞かせます。膨大な文字量に見える一冊も、読めばあっという間に進行していく事実を伝え、飽きさせないためです。

選書の注意点

①積極的に大人が関わる

おもしろがることと深く楽しむことはまったく異質です。しかし、子どもはまだその違いがわからないので、周囲の大人が、子どもに先んじて、本の質を見きわめる目を養わなければなりません。

②新しい本にとびつかない

新しい本よりも、長い時間のなかでゆっくりと評価され、幾世代もの子どもたちの仮借のないフルイにかけられて残ってきた本が、ほんとうに子どもを満足させ得る本であるはずです。何も好んで、自分の子どもを実験台にすることはないでしょう。

すぐれた子どもの本をひとつひとつ見ていくと、子どもが求めているもの、子どもがほんとうに必要としているものは、時流とともに目まぐるしく移り変わるものではなく、しっかりと人間を見すえ、ものごとの本質を物語るものだということがよくわかります。

③絵本であっても、物語を重視して選ぶ

絵本は「絵で読む」、つまり、物語より絵が大事だと誤解されがちですが、違います。どんなに素晴らしい絵が添えられていたとしても、物語がいいかげんであったなら、それはすぐれた絵本とはいえません。

④ファンタジーは「絵空事」ではない。子どもたちが信じられるものを選ぶ

子どものためのすぐれた物語に共通する要素として、英国のある著名な編集者は「現実性（リアリティ）」と「緊張感（サスペンス）」をあげています。「現実性（リアリティ）」とは、つまり、その物語を信じられるかどうか。ファンタジーであるから、何がどんなふうに起こってもかまわないというわけではありません。

舞台が、わたしたちの生きる世界と、たとえどんなにかけ離れていようとも、そこで語られていることを読者が信じられること。それがファンタジーの掟です。「子どもだまし」といういやなことばがありますが、大人がでたらめ

だと感じるなら、子どもだって、「こんなのうそっぱちだ」と見抜くに違いないのです。子どものためのお話だからと見くびってはいけません。

⑤子どもたちに「うける」本には要注意

大人はつい、「そんな本は子どもたちにうけないから」「この本はもりあがるからいい」といった基準で本を選びがちです。これは、選書のさいにもっとも陥りやすい落とし穴です。

子どもの本に関して、「うける」という評価ほどあてにならないものはありません。ギャグや、下卑た笑いを盛り込み、子どもたちの興味をぱっとひくような（絵）本に、子どもたちをほんとうの本好きにする力などないのです。

⑥センチメンタルと感動を同一視しない

「感動」をおしつけるような物語にも注意が必要です。子どもの本の場合、「かわいそう」だと思うことこそ「感動」だといわんばかりのセンチメンタルな物語が、なぜか「良書」として位置づけられることが多く、疑問です。「感動」とは、私たちが文脈から読みとるものだからこそ、心に残ります。おしきせの感動や、理不尽につらい目に合う主人公への感傷とは異質なものだということを、ぜひ心に留めておく必要があります。

⑦「読書感想文」用に本を選ばない

子どもたちは、本が語っていることを取り込む感性にはすぐれていても、それを表現する力は未熟であるし、そもそも感想を他人に語りたいとも思っていません。ですから、子どもたちがほんとうに楽しんだかどうかを知るためには、ある程度時間をかけて見守ることが必要なのです。

本とは、ほんらい、ひとりの人間（作家）が、読者であるその子どもだけに向かって語りかけるものです。チャンスとばかりに課題図書を手渡すのではなく、ふだんから大切に本を選ぶ機会をもつよう心がけてください。

読書を「国語力」へつなげる選書の仕方

プライマリー読書の第一義は本を楽しむことにあり、それ以上でもそれ以下でもありません。子どもたち本人も、作文のできや、ましてや国語について、真剣に悩むことなどないのが通常です。

しかし、全身で本を楽しめるこの時期に、国語力のサポートも適っていたなら、その後、国語について頭を悩まさずにすみます。国語力へ無理なくつなげるためには、どのような本を選んだらよいでしょうか。

①刺激の強い絵、擬音語を多用する（絵）本は避ける。
②幼稚園や学校といった、子どもにとってのごく身辺に終始した日本の話を避ける。
③文化の異なる海外の物語、動物やものいわぬもの（ほんらいは命をもたないもの）を主人公にすえたファンタジー、昔話を選んで読む。

子どもは幼いほど、ファンタジーと同じ地平で生きています。しかし、成長するごとに現実との境がはっきりしはじめ、そのときから「想像する力」を使ってより込み入った物語を楽しむようになります。その想像力を刺激し、強固に育てるために、遠い世界の物語をぜひ楽しめるようになってほしいのです。

グローバルなものから徐々に枠を狭めて身近な題材へ移行するのはたやすいことですが、その逆の道をたどるのはむずかしいものです。将来、推理小説やライトノベルなど、楽に読める本ばかり読むようになっては、国語力の向上などとうてい期待できません。しかも、こうした本を先に読み込んでしまうと、重厚な物語を読む体力は残念ながら削がれてしまうのです。まずは、いったことのない国、別の文化をもった異国の物語やファンタジーを楽しんでください。その後、「生活密着型」の物語を手に取ったとしても決して遅くはありません。

読書欲が旺盛な子どもにこそ必要な選書

一方、すでに旺盛な読書欲を身につけている子どもがいます。当然ながら、放っておいてもひとりでどんどん本を読んでいきます。身近にある本を手当たりしだいに読み、大人向けの書物はもちろん、週刊誌なども読んでしまうので「困りもの」だという話も聞くくらいです。

このような子どもには、わざわざ本を選んで与える必要はないと思いがちですが、そうではありません。読書欲をすでに身につけた子どもは、プライマリー読書の時期にはもう個人の好みができあがっていることが多く、娯楽としていまの自分を満足させてくれるか否かに重点を置いて本を選びます。ですから指導者は、この年齢で読んでほしい本を取りこぼさないよう、いっしょに読む機会をつくったり、そうした本を貸し出したりする必要があるのです。

また、これほど「読み」に長けた子どもたちでも、というよりだからこそ、常に新しい物語を読み進めることに夢中で、進んで書きたがるようなことはめったにありません。表現したいという欲求をまだもたないかれらにとって、「書くこと」はただ面倒な行為にほかならないのです。

こうした場面に出くわすたびに、周囲の大人の適切なアドバイスの重要性を感じます。子どもの「読む力」を「書く力」につなげるためには、読書で培った多くの蓄えをうまく引き出すための慎重な指導が必要なのです。

なぜ本を選ぶのか

子どもが、まわりのあらゆるものを養分にして育っていくことは疑いもないことです。自然の大きな力、いろいろな遊び、家族や友だちなど多くの人びととの触れ合い――。しかし、そのなかのはじめのふたつは、存分に触れられる機会が激減しているといわざるをえません。それだけに、子どもの心を耕し、その実りを豊かにする本の存在は、子どもが健康に成長していくために必要不可欠だと考えます。

とはいえ、よくも悪くもその場限りでしかない本で読書体験を積んでしまうと、読書がテレビやゲーム、アニメーションと同様なものだと子どもたちに軽んじられる困った結果ともなりかねません。

たくさんの子どもたちと教室で本を読み、受験を戦ってきて実感するのは、テレビ的絵本に慣れきってしまった子どもの将来には、質が高く、内容の濃い物語を読みこなす力など残されていないということです。

「売りたい」出版社と「読ませたい」親や教師は、手を替え品を替え、何とか子どもたちの気をひこうと、新しい本を並べてかれらのご機嫌をとってきました。

しかし、一冊の本が重責を担ういま、「読んでくれれば何でもよい」のでしょうか。それは、「口に入れば何でもよし」と食べ物を選ぶ行為にほかなりません。少なからずその食物が身体に及ぼす影響を鑑みて、私たちは食べ物を選ぶはずです。ましてや、幼い子どものためならばなおさらでしょう。同様に、子どもたちの頭と心に深く入り込む一冊の本の真価を、しっかりと見極めねばならないのです。

レッスン 3

「読んだフリ」をする子どものために

課題1

つぎのえに、ぶんしょうをつけて、ものがたりをつくってみましょう。

ライオンとひなどり

ヒント

「ライオンとひなどり」の出会いから別れまでが描かれているマンガを読み、それぞれのコマに合った文章を書かせます。

ヒントやアドバイスなどはあえて与えず、まずはその子なりの見方でお話を書いてもらいます。

解答例

Aくん（小学2年生・男子）の解答

ライオンとひなどり

ある日、ライオンのまえでたまごからひよこがうまれました。

ライオンとひよこはさんぽをしました。

ライオンは、川のほうにあるきました。どうぶつたちのほう~~を~~にあるいていきました。

ひよこたちは、川であそびました。わにには、ひよこたちを見ていました。ライオンはひよこたちとあそびました。

よるは、ライオンといっしょにねました。

ある日、一ぴきのひよこがとびました。ライオンは見ています。

そして、三びきのひよことライオンは、わかれました。ひよこはないていました。

解説

読んでいる子と「読んだフリ」をしている子の違いを見わける

プライマリー読書では、小学3年生の夏休みごろには、ひとりでまとまった分量の物語を楽しめるようになることを目標としています。そこで、小学2年生の後半ぐらいから、どの子どもに対しても、「ひとり読み」が身につけられるように指導します。

そのころにかけて現れるのが、「読んだフリ」をしながら時間をやり過ごそうとする子どもです。まだ集中して黙読することができないのに、家や学校でひとり読みを強いられ、苦しまぎれにそうした技を編みだすのでしょう。

プライマリー読書の時期は、「書くこと」よりも断然「読むこと」に重点をおいています。それでも、書く機会がわずかでもあれば、本を楽しんでいる子どもと「読んだフリ」をしている子どもの違いはわかります。

上の解答例は、小学校2年生の男子Aくん、Bくんが書いた作文です。この本ではわかりませんが、Aくんの書く文字はとてもきれいで、一見しただけでは、Aくんの方が「できる」生徒だと考えてしまいます。

しかし、ふだんの読書の成果がしっかりと表われているのはBくんの作文です。ライオンとひなどりの出会いから別れまでの流れがしっかりと書かれています。一方、

解答例

Bくん（小学2年生・男子）の解答

ライオンとひなどり

①

ライオンのちかくでたまごからひながうまれました。

②

そのひなは、ライオンの上にのってさんぽにでかけました。

③

さんぽをしているときほかのどうぶつが見ていました。

④

ライオンとひなはうみにいって水あそびをしました。

⑤

ライオンは、ひながねてるときひなをまもっていました。

い

⑥

ある日、ひながとべるようになりました。

⑦

みんなとべるようになったときかなしいけどおわかれになりました。

ライオンとひなどりは

Aくんの作文は、コマ割された絵と同様にコマ切れになってしまっています。Bくんが物語を自分のなかに取り込むことができているのに対し、Aくんはおそらくまだ集中して本を楽しめていないのです。Bくんのほうが、Aくんよりも読解力、すなわち「国語力」の部分で先んじているといえます。

たとえば、③や⑤の場面で、Aくんは絵に描いてあることをひたすら記しているのに対して、Bくんは、それがどういう状況であるのかを説明しています。⑤の場面で、Aくんは「いっしょにねました」と書いていますが、ライオンは起きているのですから、Bくんが書く通り、ライオンはひなどり（ひな）を「まもって」いるのです。

そして、最後の⑦の場面。Aくんが「わかれました」「ないていました」と絵に描かれ、目に見えることだけを書いているのに対し、Bくんは「かなしいけどおわかれになりました」とそこにひなどり（ひな）の気持ちを入れ、物語の終わりらしく、情感をこめて作文をしめくくっています。

「読んだフリ」をする子どもの特徴

「読んだフリ」をする子どもにはつぎのような特徴があります。
①物語が佳境に入る以前に、読むのに飽きて本を放ってしまう。
②ゲームやテレビアニメーションなどは、かなり集中して楽しむ。
③本を読んでいるあいだも、ちょっとした物音などが気になって、読書を中断しがち。
④話が込み入ってくると、絵で描かれていないものは理解できない。

「読んだフリ」をする子どもに必要な指導

では、「読んだフリ」をする子どもにも、すぐれた本を一冊でも多く読んでもらうためには、どんなことに気をつけたらよいでしょうか?

①家族の間に「物語」を取り入れる

両親が幼かったころの話でも、子どもたちが生まれたころの話でもかまいません。本の世界をなかなか楽しめないのなら、「家族の物語」を語り合う機会をもちます。そうすることで人の話に関心をもてるようになり、「物語」にも興味が生まれます。

②ゲームやテレビの時間を読書の時間にふりかえる

子どもの娯楽時間を完全にテレビやゲームが占めている場合は、そこに読書の時間をつけ足すのではなく、テレビやゲームの時間の一部を読書の時間にふりかえます。なるべくならばテレビやゲームを休んでほしいのですが、いきなりは無理でしょうから、少しずつ、集中して読書できる時間を増やしていってください。

③「本を読んだら○○してあげる」などといった交換条件をもち出さない

これは悪例の典型です。楽しみである読書がとたんに義務になってしまいます。

④「○○年生向き」という表記にとらわれず、何年生になっていても、物語に入り込めないような読み聞かせをする

何年生になっていても絵本の読み聞かせにもどってかまいません。読み通せる一冊を探します。物語に入り込めるように必要な手助けをしてください。

⑤集中して本が読めない、読み聞かせもいやがる場合、本の質を落とさず、文字の少ない（絵）本を読み聞かせる

文字が少なくても読みごたえのある本があります。ギャグを盛り込んだその場しのぎの本ではいけません。

⑥読書感想文を強制しない

「読書感想文」のために本を読むのでは本末転倒です。夏休みの宿題などで、どうしても書かなければならないときは、「課題図書」に頼ろうとせず、何冊か読んだ後で、書けそうな一冊を選ばせます。夏休み前に読んだ本から書かせてもかまいません。

読書のおもしろさを先に伝える

子どもたちは「おもしろい」ことにはすぐさま飛びつき、自分の生活に取り込む天才です。ですから、未知の世界を教えてくれる本に関心を示さないはずはありません。問題は、本の「おもしろさ」にいつ気づくかということです。つまり、音や映像をともなう娯楽や、手軽にその世界に浸れるマンガなどよりも早く、本の「おもしろさ」を体得してほしい、そうした環境で育まれる子どもたちであってほしいのです。

たしかに、映像やマンガにはあらがいがたい魅力があります。だからこそ、読書経験を先に積ませなければならないのです。

本のおもしろさを押しつけない

ただし、「読書こそ、世界中でもっとも重要な勉強である」などと、大人がくどくどと強調しすぎてはいけません。そんなことはナンセンスです。読書が人生を豊かにすることは確かですが、本がいかに楽しいかという説明は、かえって逆効果になりかねません。百聞は一見に如かず。説明を繰り返すより、本の楽しみを体験させれば、「読むな」といっても子どもは本を離さなくなります。

集中力と読書力の関係

プライマリー読書の時期は、作文をじょうずに書いたり、読解問題を解いたりする必要はまったくありません。この時期にはとにかくひたすら本を楽しんでほしいのですが、そのために必要なのが集中力です。

読書とは、ある意味、「他人の話にじっくりと耳を傾ける」行為です。自分の話したいことを封印して相手の話を聞く――読み聞かせでもひとり読みでも――読書にはそうした側面が多分にあります。つまり、本が好きな子どもは、相手の話している内容に集中することができる、ということです。

最初は何をいっているのか見当がつかなくても、根気強く聞いているうちに、だんだん相手が何をいおうとしているのかが見えてくることはよくあります。しかし、集中力のない子どもは、はじめにそれが「おもしろい話」だとわからなければ、すぐに聞くのをやめてしまうのです。本を読むことにも、同様にこの悪いクセは現れます。

ですから、こうした子どもは、たとえ本が読めても、国語力につながるような本＝物語を楽しむことはできません。絵本はまだしも、そこから一歩、活字のみの物語の世界へ足を踏み入れたとき、「読めるもの（＝ページをめくるたびに何かが起きる刺激の強い物語、あるいはギャグや謎解きなどで読み手の興味をひきつけるもの）」と「まったく歯が立たない物語（＝古典的なファンタジーなど）」がはっきりとわかれてしまうのです。

国語力という観点はもとより、今後の読書人生を豊かにするのは、むろん、後者であるはずです。はやりものにまどわされず、将来を見通す目をもって大切に本を選んでください。

プライマリー読書期の子どもに見られる3つのタイプ

就学前の豊かな読書体験がひとり読みへの近道

国語専科教室に通ってくる子どもたちを見ていると、とりわけ、4～6歳までにすぐれた絵本を浴びるように読んでもらってきた子どもは、小学校に就学するとほとんど同時、遅くとも就学後はじめての夏を迎えるころまでには、ひとり読みを習得できています。

多くの家庭で、就学前にひらがなの練習を積極的におこないますが、むしろ、その時間を、一冊でも多くの絵本とふれ合うことにあててほしいのです。文字は物語を表現する手段であることを就学前に認識できれば、物語を味わう楽しみを享受するために、子どもたちはほうっておいても、自ら文字を追いはじめます。

読書体験の差による3つのタイプ

前述のように、就学前に、どんな絵本をどんな環境で読んでもらったかによって、小学校1、2年生の子どもの傾向は、以下の3つに大別できます。

タイプ1　絵本を十分に読んでもらい本の楽しさを体得してきた子ども

つぎのステージを目指して、スムーズに階段を上がっていきます。成長とはまさしくこういうものだと改めて感心してしまうほど、わずかな躊躇もなく、停滞もありません。文字を覚えるにつれ、ますますその読書欲は増していきます。

タイプ2　家族に本を読む習慣がなく、絵本を読み聞かせてもらう環境に恵まれなかった子ども

身近に本はあっても、物語性に欠けるものだったり、マンガ的な本ばかりだった子どもも含みます。タイプ2の子どもは、物語に全身で浸る楽しみを知らない、いわば発展途上の状態です。本とは「見るもの」でも「ながめるもの」でもなく、頭と心で読むものだということを早く教えなければなりません。

タイプ3　テレビやゲーム、DVDなど、音と映像の世界にどっぷりと浸かっていて、本を読む機会をつくれなかった子ども

読書の数倍も強い刺激を受ける音と映像の娯楽に浸ってきたタイプ3の子どもに、本の楽しみを教えるのは容易ではありません。レッスン3を参考に根気強く導いてください。

三歩先ゆくタイプ1でも埋められない差ではない

タイプ1には、早熟な子どもが多く、大切なプライマリー読書の時期をかけ足で通り過ぎてしまいがちです。しかし、すべての基礎となるこの時期に出会う本は、その一冊一冊に役割があり、おろそかにしたくありませんから、こうした子どもたちにも敢えて読み聞かせをおこない、じっくりと物語に向き合う時間をつくらなければなりません。

それでも、タイプ1の子どもは、ほかのふたつのタイプの子どもに比べて、一歩、いや三歩ほどは先んじています。「子どもを本好きにする」という、プライマリー読書の時期のもっとも大きな仕事がかれらには必要ないからです。しかし、ほかのふたつのタイプの子どもが本のおもしろさに目覚めたとき、その差は急速に埋まります。

読書は勉強だと感じているあいだは、その本が少しでもつまらなければすぐに読むのを止めてしまうでしょう。しかし、「読むのが楽しい」と感じられれば、読書の習慣は長くつづきます。プライマリー読書が目指すのは、この「楽しいから読む」という姿勢です。

第2章

主題を理解し、本と対話する
スタンダード読書

スタンダード読書で身につく力

- 自ら学んでいくことのできる主体性
- 本質を見極めようとする考え深さ
- 取り組んでいることに没頭できる集中力
- 他者の気持ちや状況を推し量ることのできる心の広さ
- 学びの根幹となる国語力

「スタンダード読書」の段階になると、子どもは本格的に読書に没頭するようになります。読書を通じて、登場人物に自分を重ねたり、反対に自分との違いを感じたりしながら、さまざまな経験ができるようになると同時に、知的好奇心を満たし、新しい世界を知る喜びを得るようになります。

この時期の適切な指導は、子どもが本の内容をより深く理解することを助け、本との対話を実りあるものにします。

この章では、説明文と物語とにわけ、それぞれの読書方法を解説します。読む力は、その内容について話すこと、書くことで深まります。したがって、スタンダード読書の方法を学ぶことは、同時に作文の方法を学ぶことでもあります。

この章では、つぎの3つを目標として取り組んでいきます。

①本の主題を理解する

主題とは、ある文章や本の中心となる内容のことです。

学校の国語では通常、教科書に掲載された数ページばかりの文章を、何時間もかけて場面や段落ごとに要点をまとめたり、登場人物の心情を読みとったりしながら主題を導きます。しかし、細部に時間をかけすぎてしまうと、かえって全体像を見えにくくし、主題をつかむのはむずかしい作業だという印象を子どもに与えてしまいます。

また、何度も読み返すうちに、子どもはその文章に飽きて、疲れてしまいます。そして、主題に向かってゆく熱意を失ってしまうのです。

スタンダード読書では、一冊の本を集中して一気に読み終えます。そして細部ではなく、まず全体像をつかみます。題名や見出しを参考にしながら、文章の構成を大づかみすることで主題が見えてきます。そうすることによって細部が有機的に理解されるのです。

②本と対話する

ミヒャエル・エンデの『はてしない物語』（岩波書店）のなかで、本屋の主人コレアンダー氏は、物語の主人公バスチアンにつぎのように語ります。

「ファンタージェン（本の世界）にいって、またもどってくるものもいくらかいるんだな、きみのようにね。そして、そういう人たちが、両方の世界を健《すこ》やかにするんだ」※カッコ内は著者注

本を読んでいるあいだ、子どもは登場人物と一体化して物語の世界を駆け回りますが、その物語を読み終えれば、バスチアンと同じように、現実の世界にもどらなければなりません。しかし、読み終えたあとも、物語に込められたメッセージや自分自身のありように目を向けることができれば、その物語は、子どもが現実を生きるための道しるべとなります。

本は、世界に対する新しい見方を提示したり、それまでに経験したことのない感情をわき立たせたり、困難にくじけない心を教えてくれたりします。本を読んだ後で、何がそうさせたのか考えたり、だれかと話し合ったりすることで、読書の質が高まります。

「読書感想」とは、このように本と対話することによってはじめて生まれるのです。

③本の内容をわかりやすく説明する

本との対話をしめくくり、そこから得たものをしっかりと自分のものとするためには、その本をまだ読んだことのない人に向けて説明することが効果的です。自分の感じたその本の価値を、わかりやすく客観的なことばで説明します。それは、スタンダード読書で培われた力を表現することでもあります。

レッスン 4

説明文の主題を推測する

説明文には、それが書かれた目的や、伝えたい内容がはっきりと書かれています。『ジャガイモの花と実』（板倉聖宣著／仮説社）を例に、その主題について考えます。

課題1

本文を読む前に書名やもくじを読み、本の主題《しゅだい》を推測《すいそく》してください。また、気づいたことを書いてください。

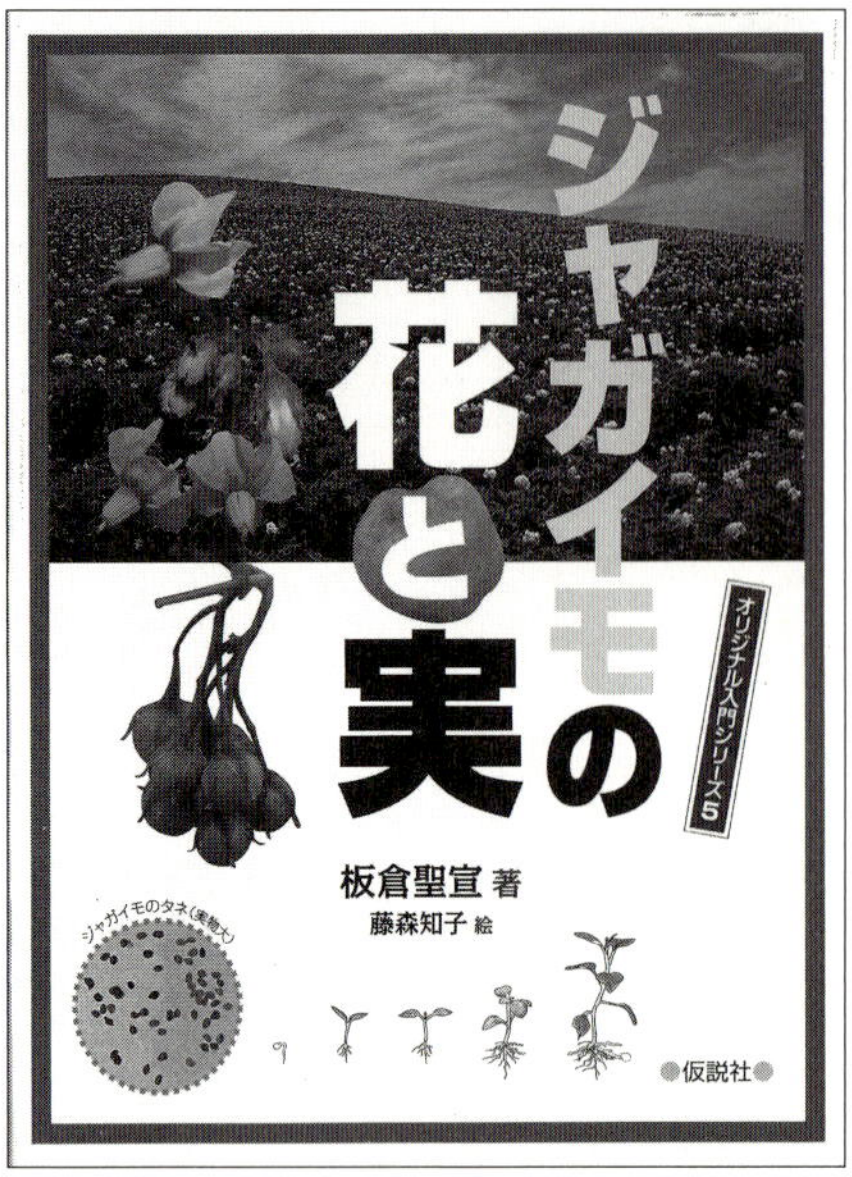

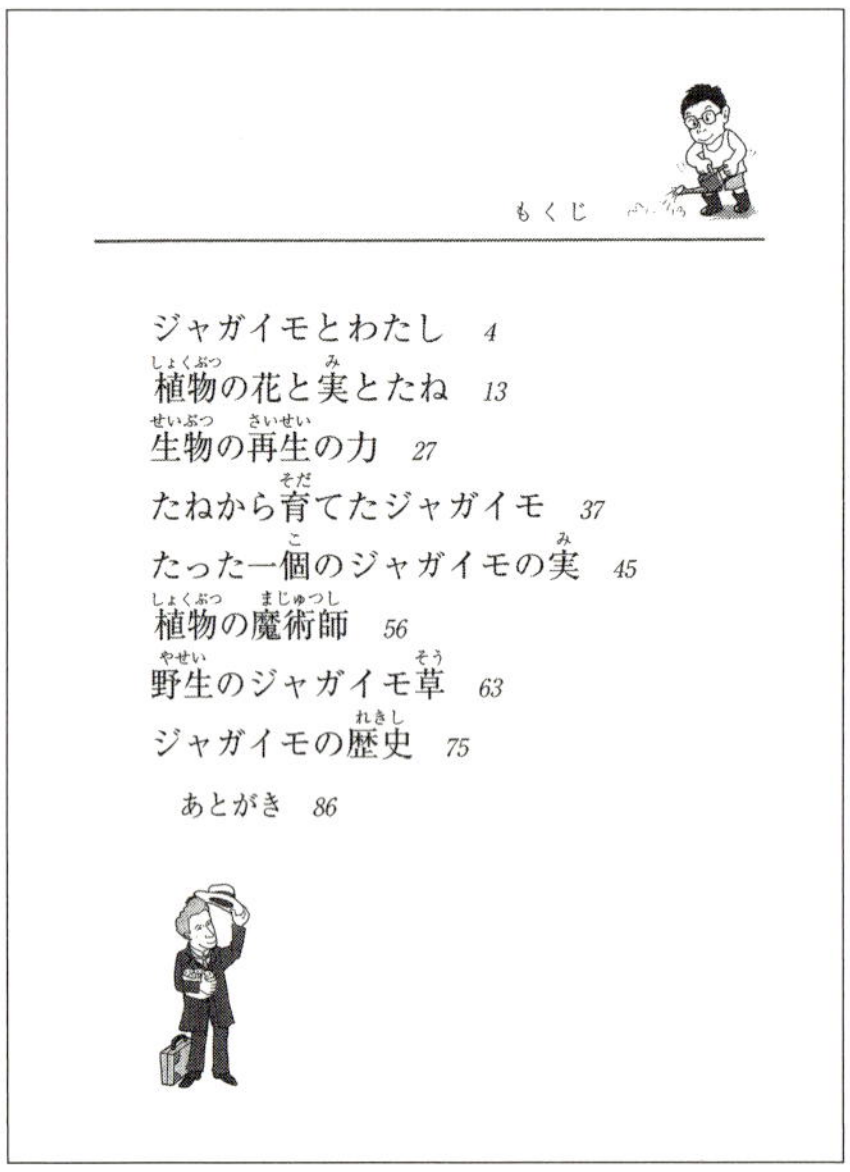

もくじ

（板倉聖宣著／藤森知子絵『ジャガイモの花と実』仮説社）

ヒント

説明文では、多くの場合、書名やもくじの見出しに主題がはっきりと示されています。

たとえば、『ジャガイモの花と実』という書名ならば、ジャガイモの花と実にまつわる話が書かれているはずです。ただし、なかには主題がはっきりしない題名や見出しもあります。もくじの「植物《しょくぶつ》の魔術師《まじゅつし》」という見出しには、具体的な主題は書かれていません。

解答欄

解答例

Aさん（小学5年生・女子）が推測し、気づいたこと

この本は、ジャガイモについてさまざまな視点で書いている。そういえば、ジャガイモのたねは見たことがない。

解説

書名を読むと、その本が何について書かれたものなのかがわかります。もくじや見出しには、それぞれの章で著者の主張がまとめられています。それらを読むことで、事前におおよその本の内容をつかむことができます。

Aさんのコメントは簡潔にまとめられていますが、「さまざま視点」とはどのような視点かを明らかにすると、もっとよい解答になります。この本では、植物の性質や、栽培方法、歴史といった視点でジャガイモが紹介されているようです。

課題2

本のカバーや巻末《かんまつ》に書かれている作者の紹介を読んで、作者についてわかったことを100字程度《ていど》で説明してください。

板倉聖宣（いたくら きよのぶ）

1930年，東京生まれ。東京大学教養学部教養学科（科学史・科学哲学分科）卒業。理学博士。1963年，仮説実験授業を提唱。以来，科学教育の根本的改革に取り組む。現在，『たのしい授業』編集代表，国立教育政策研究所名誉所員。著書は，『ぼくらはガリレオ』（岩波書店），『科学と方法』（季節社），『理科教育史資料』（編著，東京法令），『日本史再発見』（朝日新聞社），『科学的とはどういうことか』『砂鉄とじしゃくのなぞ』『もしも原子がみえたなら』『白菜のなぞ』『歴史の見方考え方』『仮説実験授業』『世界の国旗』『世界の国ぐに』（以上，仮説社）など多数。

藤森知子（ふじもり ともこ）

1957年，岩手県生まれ。教員の夫と共に，仮説実験授業の入門講座に参加して，仮説実験授業とたのしい授業に出会う。楽しかった授業の体験を文章にまとめる際，挿し絵を描いて伝えたい内容を表現する。その後，『たのしい授業』（仮説社）や単行本などの挿し絵を担当。サイエンスシアターシリーズ（板倉聖宣編著，仮説社）の挿し絵を描き続けている。人形劇デュオ「あかぱんつ」の一員としても活躍中。

ジャガイモの花と実　オリジナル入門シリーズ5

2009年8月10日　初版発行（3000部）

著者　板倉聖宣 ©
絵　藤森知子 ©
発行所　株式会社　仮説社
169-0075　東京都新宿区高田馬場2-13-7
電話：03-3204-1779　ファックス：03-3204-1781
E-mail：mail@kasetu.co.jp
URL：http://www.kasetu.co.jp/

ISBN 978-4-7735-0214-5　　Printed in Japan

印刷・製本／図書印刷

定価はカバーに表示してあります。
ページが乱れている本はお取り替えいたします。

『ジャガイモの花と実』奥付

ヒント

この本では、作者の紹介は巻末に記されています。どのような経歴《けいれき》で、これまでどんな本を書いてきたのでしょうか。

また、あとがきも読むと、作者がどのような思いでこの本を書いたのかがよくわかります。

むずかしい漢字が出てきたり、読んでもよくわからない場合は、大人に解説してもらいましょう。

解答欄

解答例　Aさんのまとめ

この本は、筆者は板倉聖宣さんという人だ。作者は、科学者で他にも『理科教育史料』という本を書いている。作者は、子どもにも分かるように科学について説明する本をたくさん書いている。この本は、一度一九五六年に出版された後、再び二〇〇九年に出版された。

解説

Aさんの解答を読むと、筆者がどのような人物で、これまでにどのような本を書いてきたかがよくわかります。

またこの本のあとがきを読むと、1956年に書かれたものが再び出版されたということから、長いあいだ読みつがれてきた子どものための科学に関する本だということがわかります。

指導のポイント

主題を推測する

説明文を読むときには、まずその文章が何について説明しているのかを確認することが重要です。著者は書名やもくじ、本文の書き出しでテーマの紹介をしていますから、それを必ず確認します。そうすることで、その本が何について、どのような視点で、どのように筋道立てて説明し、結論づけるのかといった全体像を推測することができます。

それは、ゴール地点にたどり着くための地図を得るようなものです。ゴール地点はどこか、そこへたどり着くために現在どこへ向かって進んでいるのか、ゴール地点への道のりはあとどれくらいか、といったことが地図を通してわかってきます。

ただし、この作業にあまり多くの時間をかける必要はありません。本格的に本文を読み込むための下準備の作業ですから、まずは全体像をざっとつかめればよいのです。気を楽にして取り組ませましょう。

説明文を子どもに読ませるには

子どもに説明文を読ませるためには、日常生活で子どもが興味をもった分野やテーマを扱ったものを適切なタイミングで選ぶことが重要です。

なぜなら、ほとんどの場合、説明を聞いたり読んだりするときというのは、自分が何かについて疑問をもち、その答えを知りたいと思ったときや、ある問題について理解する必要に迫られたときだからです。反対に、そのような切実な動機がない場合、他人からの説明は知識の押しつけにしかなりません。それを聞いたり読んだりする子どもにとっては、ただ退屈で苦痛なだけです。

子どもの知的好奇心は、日ごろの生活で抱いたささいな疑問や、特別な活動を通じて感じた新鮮なおどろきや感動など、多くの実体験に支えられています。指導者は子どもの生活を見守り、そのときどきに適したテーマの説明文を子どもにすすめることによって、子どもの知的好奇心をより深く満たしたり、さらに強めたりすることができるのです。

説明文を読む前のひと工夫

説明文を読ませるときには、事前にそのテーマについて子どもの知的好奇心をくすぐるようなひと工夫をすることも効果的です。

たとえば、この章で扱う『ジャガイモの花と実』であれば、事前に肉じゃがやコロッケ、ポテトチップスなどジャガイモの料理やお菓子を食べたり、家族といっしょにスーパーマーケットの青果コーナーへいき、ジャガイモには男爵やメークインなどの種類があり、どの料理にどのジャガイモが適しているかを話したりします。こうした体験をしておくと、ふだん何気なく食べているジャガイモについて、改めて考えるための準備ができます。

レッスン 5

説明文の主題をつかむ

説明文は、意味のまとまりを意識しながら筋道立てて読むことで、その主題を理解することができます。「植物の花と実とたね」（『ジャガイモの花と実』板倉聖宣著／藤森知子絵／仮説社）を読んで主題のつかみ方を学びます。

つぎの文章を読んで、以下の課題に取り組んでください。本文中に表示された1から11までの数字は、形式段落《けいしきだんらく》の番号です。形式段落とは、文章を読みやすくするために改行《かいぎょう》によって形式的に区切られた段落のことです。

植物《しょくぶつ》の花と実《み》とたね

1 わたしがジャガイモについて新《あたら》しく興味《きょうみ》をそそられたのは、昔《むかし》見たジャガイモの花から出発《しゅっぱつ》しています。「ジャガイモの花は何のために咲《さ》くのだろう?」。昔《むかし》、ジャガイモの花のつぼみを見て、ふと、そんなことを考えたことがありました。そのころわたしは、「いもをたくさんとるには、花をつぼみのうちにつみとってしまったほうがよい」と、教《おし》えられていたものですから、ジャガイモの茎《くき》に花が咲《さ》くのは、めいわくなことにも思えたのです。「どうせつまれてしまうのなら咲《さ》かなければよいのに」と思ったりしたのです。

2 それならいったい、植物《しょくぶつ》の花はどうして咲《さ》くのでしょう。花は植物《しょくぶつ》のからだの中で、

ヒント
形式段落ごとのまとめ文

1 ジャガイモをたくさんとるには、花をつんでしまわなければならない。では、どうしてジャガイモの花はさくのだろう。

2 植物の花は、たねを作って仲間を増やすためにさく。

どんな役目《やくめ》をもっているのでしょうか。もうすでによく知っている人もあると思いますが、花は実《み》をならせ、たねを作るために咲《さ》くのです。たねができれば、そのたねをまわりにちらして、仲間《なかま》をふやすことができます。つまり、花はたねを作って仲間《なかま》をふやすために咲《さ》くのです。

3 よく注意《ちゅうい》してみると、どんな植物《しょくぶつ》でも花が咲《さ》くと、たいていそのあとに実《み》がなり、たねができます。タンポポの花の咲《さ》いたあとには、毛のような実《み》ができます。アサガオのたねのはいった実《み》は、花がしぼんだあとのところにできます。実《み》といっても、形《かたち》のあまりととのっていないものもありますが、花の咲《さ》いたあとにはたいてい実《み》がなるのです。もちろん、根《ね》をとって生け花にしてしまった花は別《べつ》ですが、地面《じめん》にはえているふつうの植物《しょくぶつ》では、とくべつのことがなければ、花の咲《さ》いたあとに実《み》がなり、たねができるのです。

4 それなら、ジャガイモの花はどうでしょう。花が咲《さ》いたあとに実《み》がなり、たねができるでしょうか。

5 あなたはジャガイモの実《み》を見たことがありますか？　まちがえてはいけませんよ。いもは実《み》ではありません。実《み》というのは、花が咲《さ》いたあとにできるものです。ですから、ジャガイモの実《み》ができるとしたら、ジャガイモの茎《くき》の先のほうにできるはずです。土の中にできるいもは、実《み》ではないのです。おそらく、たいていの人はジャガイモの実《み》を見たことがないでしょう。ふつうのジャガイモには、実《み》がなることはほとんどないからです。そうです。ほとんどないのです。ということは、「ジャガイモの花の咲《さ》いたあとにも、実《み》がなることがある」ということです。

---

3 どんな植物でも花がさくと、たいていその後に実がなり、たねができる。

4 ではジャガイモの花はどうだろう。

5 ジャガイモも花がさいたあと、たまに実がなることがある。

6もっとも、それはほんのたまのことです（あとでわかったことですが、品種《ひんしゅ》によってはとてもよく実《み》のなるものもあります）。じつはわたしも、実物《じつぶつ》を見たことはなかったのです。ジャガイモの実《み》のできるのがあんまりめずらしいので、ジャガイモに実《み》がなると、「ジャガイモにトマトの実《み》がなった」とさわがれたり、新聞《しんぶん》に出たりすることもあったほどです。「ジャガイモの茎《くき》にトマトがなった」といわれるのは、ジャガイモの実《み》はその形《かたち》が、小さいときのトマトの実《み》とたいへんよく似《に》ているからです。ジャガイモとトマトとは、そのほかの点でもたいへん似《に》た性質《せいしつ》をもった植物《しょくぶつ》なのです（両方《りょうほう》とも植物《しょくぶつ》学的にはナス科にはいる植物《しょくぶつ》です）。

7わたしたちが食《た》べるトマトやナスには、たねがはいっています。このたねは、スイカのたねなどとちがって、小さくてやわらかいので、食《た》べてしまうのがふつうです。ですから、ふだんはわすれていますが、「実《み》の中にたねがある」ことはたしかです。それとおなじように、ジャガイモの実《み》の中にも、トマトやナスのたねとおなじようなたねがはいっています。

8トマトやナスを育《そだ》てるには、たねをまきます。トマトやナス以外《いがい》の野菜《やさい》も、たいていたねをまいて育《そだ》てます。ダイコンもニンジンもホウレンソウも、コマツナもキャベツもナスもキュウリも、みんなそうです。園芸屋《えんげいや》さんにいくと、こういう野菜《やさい》のたねを売《う》っています。たねの形《かたち》は植物《しょくぶつ》の種類《しゅるい》によってちがいますが、野菜《やさい》のたねはみんな小さなものです。ダイコンのたねはまんまるで、ホウレンソウのたねはごつごつしています。ニンジンのたねもかわっています。ナスやキュウリのたねは、わたしたちが食《た》べるナスやキュウリの中にはいっているたねがよくじゅくしたもので、平《ひら》べったくてかたいから

6ジャガイモの実ができることはめずらしく、それはトマトの実とにている。

7ジャガイモの実の中にも、トマトやナスのたねとおなじようなたねがはいっている。

8多くの野菜はたねをまいて育てる。

にはいっています。

9 たねをまいたあと芽《め》が出てくるのは楽《たの》しみなものです。野菜《やさい》のたねをまくと、最初《さいしょ》はたいてい小さな双葉《ふたば》が出ます（ネギ類《るい》などでは一まいの葉《は》が出ます）。双葉《ふたば》は、その植物《しょくぶつ》が大きくなったときにつける葉《は》とは、だいぶ形《かたち》がちがうのがふつうです。まもなく双葉《ふたば》の間から本葉《ほんば》が出てきて、一人前の作物《さくもつ》に育《そだ》つようになります。

10 キュウリやナスやトマトやマメ類《るい》は、花が咲《さ》いてそのあとに実《み》がなり、その中にたねができます。わたしたちが食《た》べるキュウリやナスは、わかいうちにとってしまうので、たねはまだよくじゅくしていませんが、畑《はたけ》にそのままにしておくと、どんどん大きくなって、たねがじゅくしてきます。そのたねをとって、また来年畑《はたけ》にまくのです。ダイコンやニンジン、ハクサイ、ホウレンソウ、キャベツ、タマネギなどは、花が咲《さ》く前に収穫《しゅうかく》して、根《ね》や葉《は》を食《た》べるのですが、畑《はたけ》にそのままにしておくと、まん中から長い茎《くき》がのびて、花が咲《さ》くようになります。その実《み》の中のたねをとって、それでまた新《あたら》しい野菜《やさい》を育《そだ》てるのです。

11 このようにたいていの野菜《やさい》は、たねをまいて育《そだ》てるのですが、ジャガイモやサツマイモはちがいます。だいいち、ジャガイモやサツマイモには花が咲《さ》いても、ほとんど実《み》がならないのです。サツマイモなどは、花さえあまり咲《さ》きません。ジャガイモやサツマイモは、いもや苗《なえ》を切って植《う》えてふやすのです。

（『ジャガイモの花と実』（板倉聖宣著／藤森知子絵／仮説社）より「植物の花と実とたね」13〜26ページ）

9 たねをまくと、たいていまず双葉が出て、その間から本葉が出てきて一人前の作物に育つ。

10 若いうちに実を食べる野菜も、根や葉を食べる野菜も、畑にそのままにしておいて実の中のじゅくしたたねをまいて新しい野菜を育てる。

11 ジャガイモやサツマイモは、花がさいてもほとんど実がならないので、いもや苗を切って植えてふやす。

課題1

本文を意味のまとまりごとにわけ、左の表に区切り線を引いてください。
さらに、それぞれの意味のまとまりを1文でまとめてください。

1	2	3	4	5	6	7	8	9	10	11

ヒント

意味のまとまり＝意味段落に区切って読む

ある文章について、意味のまとまりごとに区切られた文章を意味段落といいます。説明文の場合、意味段落ごとに区切りながら読むと、主題《しゅだい》についてどのような筋道《すじみち》で説明されているのかが理解できます。

意味段落の区切り方

多くの場合、はじめの意味段落で、主題の紹介や問題の提起《ていき》が（主題提示《ていじ》）、終わりの段落で結論が書かれます（結論）。中間の段落では、主題について考える過程《かてい》が示されます。

意味段落に区切るときには、まず「はじめ」と「おわり」の意味段落を探します。そして、中間の文章を意味段落ごとに区切ります。そのときは、各形式段落の先頭の文に注目します。新たな疑問を提示したり、新しい内容の説明に移ったりしたら区切りを入れるサインです。

すぐ意味段落に区切れないときは、本文の下に記された形式段落ごとのまとめ文を参考にしてください。

意味段落を一文でまとめるには

その段落がはじめ、終わり、中間のどの段落にあたるのかを見定め、意味段落の役割がわかるようにまとめます。意味段落の冒頭《ぼうとう》では、筆者が説明したい内容がまとめられていたり、新たな疑問の提示がされたりします。それが一文にまとめるときの参考になります。

解答例

Aさんの解答

1	ジャガイモはどうして花を咲かせるのか
2 3	どんな植物も種を作って仲間を増やすために花を咲かせる
4 5 6	ジャガイモも種を作るために花を咲かせている
7 8 9	多くの野菜は種をまいて育てる
10 11	ジャガイモは、花が咲いてもほとんど実がならないので、いもや苗を切って増やす

解説

意味段落を一文でまとめることは、意味段落相互《そうご》の関係を理解することに役立ちます。説明文では、著者は主題について筋道を立てて説明します。その筋道は、意味段落の相互関係によってつくられます。そのため、説明文を読み、そのテーマに対する説明内容を理解するには、意味段落相互の関係に注目することが大切なのです。

Aさんは、意味段落の関係をよくつかむことができています。著者は「ジャガイモはどうして花を咲かせるのか」という疑問について、ほかの野菜と比較《ひかく》しながら説明していることがわかります。

課題2

課題1でまとめた意味段落ごとの一文を、「主題提示」「説明内容」「結論」の3つの構成にさらにまとめてください。

主題提示	説明内容	結論

ヒント

①主題提示
著者はどのような主題について書いているのか。

②説明内容
著者は主題についてどのような説明をしているのか。

③結論
著者は終わりにどのようなことを述べているのか。

解答例

Aさんの解答例

主題提示	説明内容	結論
ジャガイモはどうして花を咲かせるのか。	どんな植物でも花がさ（咲）くと、たいていその後に実がなり、種ができる。同じようにジャガイモも花がさ（咲）いたあとにトマトににた実がなることがある。その実の中にも種が入っている。	ジャガイモは、花が咲いてもほとんど実がならないので、いもや苗を切って増やす。 「ジャガイモも実を結び、種を作るために花を咲かせるが、ほとんど実がならないので、いもや苗を切って植えて増やしている。」のように書くと主題提示と結論が正確に対応する。

解説

課題1で考えた5つの意味段落は、つぎのように3つの構成にまとめることができます。

①主題提示＝意味段落1
②説明内容＝意味段落2、3、4
③結論＝意味段落5

Aさんは、課題1で書いたはじめの意味段落とおわりの意味段落を、それぞれ、主題提示と結論の欄にそのまま書き写しました。

これでもかまわないのですが、主題提示での疑問に、結論を正確に対応させるともっとよくなります。

指導のポイント

抽象的な思考へ

子どもは、9歳を過ぎたころから抽象的な思考が可能になっていきます。意味段落を意識し、構造的に説明内容を理解する取り組みは、子どもが抽象的な思考の世界へジャンプするための仕掛けでもあります。目の前の文章をただ線状的に読む段階から、まず全体を大づかみにとらえてから、各部分の有機的なつながりを詳細に理解する段階へ移ることで、子どもの理解する力はよりいっそう高まります。

文章をカテゴライズする

説明文を意味段落にわける取り組みは、カテゴライズするということです。それは引き出しのなかにあるさまざまなものを、整理して分類することと同じです。ただし、説明文の場合は、文章のかたまりに区切りを入れることによって分類し、カテゴライズします。こうして意味段落にカテゴライズすることによって、文中に書かれた複数の情報を効率よく整理することができるようになります。

たとえば「植物の花と実とたね」は、5つの意味段落にわけることができます。さらにそれを3つの構成にまとめることによって、より整理された情報になり、理解しやすくなるのです。

説明文が苦手な子どもには

このレッスンでは「植物の花と実とたね」を取り上げましたが、これを読むのがむずかしい子どもには、『科学なぜどうして3年生』（久道健三編著／偕成社）や『動物のふしぎ』（小宮輝之監修／PHP研究所）のような、科学や動物といった広いテーマについて、見開き程度で読み切れるような短い説明文が集まった本をすすめます。

たとえば、生きものの不思議について興味を持っている子どもならば、動物や虫についての「なぜ」にわかりやすく簡潔に答えてくれる本を選びます。さらに、そういった本をはじめからおしまいまでを読むのではなく、まずはもくじを読んで興味をもった話をひとつ選んで読んでみます。

もし、それがおもしろかったら、関連のある分野の別の話も読んでみましょう。そうするうちに、身のまわりのできごとがつぎつぎと関連を持ちはじめ、世界の広大さや複雑さが感じられていくのです。

レッスン6

説明文と対話する

説明文と対話するときは、おどいたり、印象に残ったりした部分に注目し、その理由を考えます。その後全体を見渡し、それらについて、自分の思いをめぐらしたり自分の経験と重ね合わせたりします。

課題

つぎの「対話お助けシート（説明文用）」を使い、『ジャガイモの花と実』の印象に残ったところやおどろいたところなどを思い起こし、自分の知っていることに結びつけて考えたり、新しく疑問に思ったことを調べたりしましょう。

対話お助けシート（説明文用）

本の題名

1 部分について考えよう

① この文章のなかで心に残った説明はありますか。それは何ページの、どのような説明ですか。

2 全体について考えよう

① あなたはなぜこの本を選んだのですか。

② この本を読んで、あなたが新しく知ったことや、考えが変化したことがあったら、書きましょう。

②その説明について、なぜそう感じたのか考えてみましょう。

③その説明について、もっと知りたいと思ったところはありますか。あったら調べてみましょう。

④あなたがこれまでに経験したり、見聞きしたりしたできごとで似たような内容はありましたか？　あれば、そのできごとを説明してください。

③「なぜ？」と疑問に感じたところ、不思議に思ったところ、わからないところ、もっと知りたいと思ったところがあれば書きましょう。

④この本を読んで思い出した本やニュースはありますか。

⑤そのほか、あなたの思ったこと、考えたことがあれば書きましょう。

解答例　Aさん（小学5年生・女子）の解答

対話お助けシート（説明文用）　本の題名

1 部分について考えよう

①この文章のなかで心に残った説明はありますか。それは何ページの、どのような説明ですか。

野生のジャガイモ草を探し、見つけた話が印象に残った。それは、七〇から七三ページに書いてある。一九二五年にロシアの植物学者の探検隊が南アメリカのチリまで伝染病に強いジャガイモを探しにいった。やがて各国の探検隊が、野生のジャガイモを見つけ育て上げるのに成功した。

②その説明について、なぜそう感じたのか考えてみましょう。

昔の人たちが、伝染病に強いジャガイモの育て方を考えたことに感心したから。またそれを実行したことに驚いたから。

③その説明について、もっと知りたいと思ったところはありますか。あったら調べてみましょう。

野生のジャガイモ草や、ジャガイモの花と実とたねを見てみたい。

④あなたがこれまでに経験したり、見聞きしたりしたできごとで似たような内容はありましたか？　あれば、そのできごとを説明してください。

学校の社会の授業で米の品種改良などについて学習したが、ジャガイモの歴史が印象に残った。その時、米よりもジャガイモの方が歴史があって、おどろきが大きかった。

2 全体について考えよう

①あなたはなぜこの本を選んだのですか。

題名にあったジャガイモの「花」は見たことがなかったので、興味を持ったから。

②この本を読んで、あなたが新しく知ったことや、考えが変化したことがあったら、書きましょう。

ジャガイモにはたくさんの種類があったこと。ジャガイモにはそれぞれいろいろな特徴があったこと。ジャガイモのことを研究した歴史があったのでおどろいた。

③「なぜ？」と疑問に感じたところ、不思議に思ったところ、わからないところ、もっと知りたいと思ったところがあれば書きましょう。

どうやって新しい品種を作り出したのか。なぜジャガイモは、実がなりにくいのか。

④この本を読んで思い出した本やニュースはありますか。

あまり植物や野菜などの説明文は読んだことがなかったので、このような本は初めてだった。

⑤そのほか、あなたの思ったこと、考えたことがあれば書きましょう。

昔は、ジャガイモはほとんど知られていなかったけれど、今は全世界で食べられている野菜になっていてすごいと思った。

解説

1　部分について考えよう

まずはとくに印象に残った具体的な説明内容について考えます。それがどんな内容で、何ページくらいに書いてあったか。どこが面白い、あるいは興味深いと感じたのかについて考えた後、自分の経験や知識と重ね合わせます。

Aさんは、印象に残ったところについて、それが書かれている場所を示しながら具体的に説明することができています。

2　全体について考えよう

この本を読もうと思った理由や、この本を読み終えて考えたこと、思い出したこと、もっと知りたいと思ったことなど、本全体について思いついたことを書いていきましょう。

ジャガイモは身近な食材ですが、その歴史をひもとくと、人びとのさまざまな努力や研究の結果が、こうしてわたしたちの生活を支えているのだということがわかります。

指導のポイント

具体的に、関連づけながら考える

説明文と対話するコツは、なるべく具体的なところから考えることです。

印象に残った部分や、はじめて知っておどろいた部分などをあげ、その部分がなぜ印象に残ったのか、なぜおどろいたのか、理由を考えます。

さらに、そうした部分を出発点に、「なぜ？」と疑問に感じたことや、もっと知りたいと思ったことなどについて調べたり、自分のすでにもっている知識と比べてみたりします。すると、さらに新しい知的関心が生まれ、別の問題と関連づけることができたり、自分の知識とを補強することができたりして、より実感をともなう理解ができるようになります。

発見やおどろきを子どもの生活感覚でとらえる

説明文では、距離や時間の長さ、面積や量といった数値が示されることがあります。子どもは日ごろから、算数の授業などを通して、数値を抽象的な概念として操作しているため、身体感覚をともなった実感としてとらえることに慣れていません。

しかし、そうした数値を子どもの生活感覚でとらえなおすと、実感をともなった発見やおどろきにつながることがあります。

たとえば、鉄道に関する説明文を読み、山手線の一周の長さが34・5キロメートルだと知った子どもは、その距離をもし自分の足で歩いたらどれくらいの時間がかかるのだろうかと考え、インターネットの地図サイトを検索しました。すると、34・5キロメートルを自分の足で歩くと、11時間以上かかることがわかり、たった1時間で1周できる電車の便利さをあらためて実感することができました。

「なぜ」の連鎖を生む

子どもの疑問や知的好奇心にすべて応えるのは、じつはとてもむずかしいことです。専門的な知識が必要になる場合もありますし、子どもにとってわかりやすい表現がすぐには思い浮かばない場合もあるからです。さらに、ある疑問への回答が別の疑問に結びつき、つぎつぎと「なぜ」の連鎖が広がっていき、収拾がつかなくなることもあります。

この「なぜ」の連鎖は、もちろん歓迎すべきことです。子どもの未知の領域への好奇心や想像力につながるからです。

そこで指導者は、子どもの好奇心や想像力の広がりをサポートし、疑問に答えたり、参考となる本や資料を与えたり、その調べ方を教えたりします。ときには、すぐに解答を与えず、子どもの疑問を共有し、いっしょに考えたりすることも大切です。指導者のそのような姿勢が、未知の領域に直面したとき、それを積極的に理解しようとする子どもの態度を育みます。

レッスン7

本を紹介する（説明文）

本を読んでいない人に、その内容をわかりやすく伝えるには、内容をきちんと理解し、自分のことばで説明できなければなりません。「紹介お助けシート（説明文用）」はその助けになります。

課題1

つぎの「紹介お助けシート（説明文用）」に書き込み、『ジャガイモの花と実』を紹介する準備をしましょう。

紹介お助けシート（説明文用）

本の題名

はじめに

これから〈ぼく・わたし〉は、（　　　）さんに、

『（　　　）』という本を紹介します。

本の紹介

本・著者について

著者名：著者は、（　　　）という人です。

生まれや経歴：著者は、（　　　）の人です。

著作物：ほかに（　　　）という本を書いています。

この本や著者について、そのほかに知っていることがあったら書いてください。

（　　　）

ヒント

「紹介お助けシート（説明文用）」とは、その本を紹介するために必要な要素を書き込むシートです。「はじめに」「本の紹介」「なぜこの本を選んだのか」「おわりに」の4つの要素があります。

「はじめに」

これからあなたが「だれに」「どの本を」紹介するのかを明確にします。「お父さん、お母さんに」や「友だちの○さんに」など、紹介したい相手を具体的にします。

「本の紹介」

①本・著者について

おわりに	なぜこの本を選んだのか	
このような理由で〈ぼく・わたし〉は、＿＿＿＿さんに、この本をおすすめします。	なぜ〈ぼく・わたし〉がこの本を選んだかというと、＿＿＿＿からです。たとえば、＿＿＿＿ページがそうです。 そのページに書かれている内容を説明し、それに対してあなたが考えたことや感じたことを書いてください。	**本の内容** 著者は何について書いていますか。 それについてどのような説明をしていますか。 最後に著者はどのようなことを述べていますか。

著者名、経歴、出版された国や時代などを書きます。

②本の内容

レッスン5で書いた「主題提示」「説明内容」「結論」の3つの構成を、もう一度書きます。

「なぜこの本を選んだのか」

その本を紹介する理由を書きます。「対話お助けシート（説明文用）」（レッスン6）を参考に、「何がわかったのか」「どこにおどろいたのか」を具体的なページを示し、その根拠《こんきょ》を書きます。

「おわりに」

紹介文をしめくくります。紹介文を読む人が、その本を読んでみたくなるようなメッセージがあれば書きくわえたり、シートに書き込んだ内容を、別のことばでいいかえたりしてもかまいません。

記入例
Aさんの記入例

紹介お助けシート（説明文用）

本の題名　ジャガイモの花と実

はじめに

これから〈ぼく・**わたし**〉は、おばあちゃんさんに、

『ジャガイモの花と実』という本を紹介します。

本の紹介

本・著者について

著者名：著者は、板倉聖宣さんという人です。

生まれや経歴：著者は、東京の人です。

著作物：ほかに『理科教育史料』という本を書いています。

この本や著者について、そのほかに知っていることがあったら書いてください。

この人は、子供にも分かるように科学を説明する本をたくさん書いています。

本の内容

著者は何について書いていますか？

ジャガイモの花と実について説明した文章や、ジャガイモを研究して、ジャガイモを世界に広めた人たちの歴史が書かれています。

それについてどのような説明していますか？

最後に著者はどのようなことをのべていますか？

なぜこの本を選んだのか

なぜ〈ぼく・**わたし**〉がこの本を選んだかというと、

野生のジャガイモ草を探し、見つけた話がとても印象に残ったからです。たとえば、七〇から七三ページがそうです。

そのページに書かれている内容を説明し、それに対してあなたが考えたことや感じたことを書いてください。

そこには、伝染病に強いジャガイモを南アメリカ大陸のチリまで探しに行ったことや、各国の探検隊がジャガイモを見つけ、育てあげるのに成功したことが書かれています。

おわりに

このような理由で〈ぼく・**わたし**〉は、おばあちゃんさんに、この本をおすすめします。

解説

『ジャガイモの花と実』のように、ある主題について さまざまな視点から説明している説明文の場合は、「本の内容」の欄は「著者は何について書いていますか？」だけでもかまいません。

Aさんは、おばあちゃんに本を紹介することにしました。簡潔に記入できていますが、「なぜこの本を選んだのか」を、より具体的に書けるとさらによくなります。伝染病に強いジャガイモを南アメリカ大陸のチリまで探しにいったことや、各国の探検隊がジャガイモを見つけ、育てあげるのに成功したことを知ったとき、どのように感じたのでしょうか。

課題2

「紹介文お助けシート（説明文用）」に記入できたら、それをもとに、８００〜１０００字程度で紹介文を書いてください。

解答欄

30字×10行

30字×16行

30字×16行

作文の例　Aさんの紹介文

これからわたしは、おばあちゃんに、『ジャガイモの花と実』という本を紹介します。この本の作者は、板倉聖宣さんという人です。作者は東京生まれで、ほかに『理科教育史料』という本を書いています。作者は、子供にも分かるように科学を説明する本をたくさん書いています。

この本は、ジャガイモの花と実について説明した文章や、ジャガイモを研究してジャガイモを世界に広めた人たちの歴史が書かれた本です。わたしはこの本を読んで、ふだんなにげなく食べているジャガイモにも、長い歴史があることを知っておどろきました。

なぜわたしがこの本を紹介したいのかというと、野生のジャガイモ草を探し、見つけた話がとても印象にのこったからです。それは、七〇から七三ページに書いてあります。そこには、伝染病に強いジャガイモを南アメリカ大陸のチリまで探しに行ったことや、各国の

解説

「紹介お助けシート（説明文用）」に書き込んだ内容を、項目ごとに段落わけしながら文章にすることで、紹介文を書くことができます。

具体的には、つぎのように5つの段落にわけます。

①はじめに
②本や作者についての紹介
③本の内容
④なぜこの本を選んだか
⑤おわりに

「なぜこの本を選んだか」について、理由を複数考えた場合は、「この本を選んだ理由は○つある」と前置きしたうえで、それぞれの理由について段落をわけて書きます。段落の書き出しは、「ひとつ目は、□□だからだ。」となります。

また、紹介文を書いていてよいアイデアが浮かんだら、内容を変更してもかまいません。書き直す場合は、一度全体を読み直して、文章のつながりが自然かどうかをたしかめます。

説明文を読むときに意味のまとまりを意識して読んだように、紹介文を書くときにも意味のまとまりを意識して段落わけしながら書くことが重要です。それぞれの段落の意味のまとまり、つまり、段落の役割を考えながら書くことによって、筋道立てられた説得力のある紹介文

探検隊がジャガイモを見つけ、育てあげるのに成功したことが書かれています。私はその話を読んで、昔の人たちが伝染病に強いジャガイモの育て方を考えたことに感心しました。また、それを実行し、成功したことにもおどろきました。

私が全体を通しておもったことは、昔はジャガイモはほとんど知られていなかったけれど、今は全世界で食べられている野菜になっていてすごいということです。

これらのことを、よくジャガイモの料理を作ってくれるおばあちゃんにも知ってもらいたいです。

本の内容を紹介する段落に、Aさんの感想が入ってしまっています。内容を紹介する段落と、感想や意見を述べる段落をきちんとわけましょう。

を書くことができます。

Aさんは段落ごとの意味のまとまりを意識しながら、清書することができています。ただし、清書のときにつけ加えた5段落目の内容をもっと具体的に書くことによって、よりよいものになります。

「昔はジャガイモはほとんど知られていなかった」のは、本のどのあたりに書いてあり、どのような内容なのか説明しましょう。また、「ほとんど知られていなかった」ジャガイモは、どのように世界中へ伝わったのでしょうか。そのような疑問についても書くことができると、より説得力のある紹介文になります。

指導のポイント

読むことで得たものを書くことに生かす

レッスン4、5、6では、説明文をどのように読むかについて学びましたが、それは書くことにも生かされます。

形式面では、読むときに使用した構成が書くときに活かされます。

レッスン5では、著者が読者にテーマについてどのような手順で説明し、結論づけていたのかを読み取るために、意味のまとまり（＝意味段落）に注目しながら、「主題提示」「説明内容」「結論」という3つの構成にわけて理解しました。この構成は、紹介文を書くときの形式とつぎのように対応しています。

主題提示＝「はじめに（＝○○さんへ向けた自分の選んだ本についての紹介）」

説明内容＝「本・著者について」「本の内容」、「なぜこの本を選んだのか」

結論＝「おわりに」

紹介文も自分の紹介したい本についての説明ですから、レッスン5で取り組んだ内容は、書くときにもあてはまります。

内容面でも、読んだときに知ったことがらや心に残ったことがらが、書くときに活かされます。

「本・著者について」「本の内容」については、レッスン4、5を参考にすることができます。

「なぜその本を選んだか」については、レッスン6「対話お助けシート（説明文用）」を参考にすることができます。シートに書き込んだ内容をその本を選んだ根拠に関連づけながら、文章にしていきます。

このように、読むことを通して書くことを、書くことを通して読むことを学ぶことができるのです。

パラグラフ・ライティング型の文章を書く

56、57ページで紹介したAさんの紹介文をもう一度読んでください。各段落の先頭だけ読んでみると、Aさんがどのように本の紹介をしているのか、それだけでおおよその内容がわかります。

この書き方は、国語専科教室の生徒が日々学んでいるパラグラフ（＝意味段落）・ライティング型の文章作成方法です。

各段落の一文目は、その段落で何を語ろうとしているのかがわかるように、中心的な内容の文を書きます。そしてあとに続く文で、その内容をくわしく説明していきます。

このように書くことで、各意味段落の役割が読み手に明確に伝わるようになります。パラグラフ・ライティングは、紹介文以外にもさまざまな文章に応用することができます。

つぎのページにおまけの問題を用意しましたので、取り組んでみてください。

おまけの問題

ひとつながりの文章を意味段落ごとに切りわけてそれぞれカードに書き、つぎのようにばらばらに並べました。カードを正しい順番に並べかえてください。

ヒント カードの先頭の文を読んで、カードをつなぎ合わせてみよう。

①
自分で考えて行動する力も、ルールを守ってきちんと行動する力も、どちらも大人になるために必要な力だ。社会では、自《じ》律性《りっせい》のある人間同士がサポートし協力し合って、さまざまな問題を解決したり、新しいことを考えたりする。たくさんの人が関わればルールが必要になる。

②
では、校則のある学校ではどうだろう。生徒はルールにしたがって行動することに慣れた受動的《じゅどうてき》な人間になってしまうかもしれない。しかし、校則にしたがうことで、ルールをきちんと守る人間に育つことにつながるともいえる。

③
こうしたことから、校則があることにも、ないことにもそれぞれ大切な目的があるのだということがわかる。私は、それぞれ、自分がどんな人間になりたいのかを考え、校則がある学校に通うか、ない学校に通うかを選択《せんたく》できればよいと考えている。

④
私の学校に校則がない理由は、学校が自律性のある人間を育てることを目標としているからだ。校則がないので生徒は自由に行動できるが、その結果を自分で考えて、自分で判断しなければならない。学校は、校則をなくすことで生徒の考える力を養い、自律性を育てようとしているのだ。

⑤
私の通っている学校では校則がない。服装や髪型《かみがた》も自由である。一方、私の友人が通う学校には校則があり、制服だけでなく、カバンやくつまでも指定されているという。なぜ校則がある学校と、ない学校があるのかについて考えたい。

解答欄

〈解答〉⑤→④→②→①→③

レッスン

8

物語に出会う

レッスン8では、物語に入っていく方法について、『トムは真夜中の庭で』（フィリパ・ピアス作／岩波書店）を題材にして解説していきます。

課題1

本を読みはじめる前に、書名と表紙の絵をよく見ます。そして、本の内容を想像し、考えたことを200字程度で書いてください。

『トムは真夜中の庭で』
（フィリパ・ピアス作、高杉一郎訳／岩波書店）

ヒント

まず、書名を見ましょう。『トムは真夜中の庭で』という書名からは、「だれが＝トムという男の子が」「いつ＝真夜中」「どこで＝庭で」ということはわかります。でも、いったい何が起こるのでしょうか。

そこで、主人公は何をしたのか、何を見たのかを、表紙の絵を見て考えます。服装はどうでしょうか。手には何を持っていますか。まわりには何があるでしょう。注意深く見てください。背景に何が描かれているのかも大切な情報です。

この絵を手がかりにして、どんな物語なのかを想像してください。

解答欄

25字×12行

解答例

Tくん（小学6年生・男子）の解答

ぼくは『トムは真夜中の庭で』という題名を読んで、トムという人が真夜中の庭でいろいろな体験をする話だと思った。

この表紙では、男の子と女の子が庭のようなところにいたので、主に、男の子と女の子の庭での物語だと思った。絵がなんとなく不気味な感じがしたので、こわい物語だと思った。

具体的にはどんな体験だろうか？

解説

書名と表紙は本の世界に入り込むための材料

本を読むことにまだ慣れていない子どもにとって、書名と表紙を見て、ある程度想像をふくらませておくことは、物語にスムーズに入っていくための助けになります。

書名は本の象徴

『トムは真夜中の庭で』というタイトルを読んだ子どもは、「なぜ、真夜中なのだろう」「庭でトムに何が起こるのだろう」と自然に考えはじめます。

Tくんは「トムという人が真夜中の庭でいろいろな体験をする話だと思った」と書いていますが、「いろいろな体験」とだけ書いてすませてしまうのは残念です。「書名からはわからないことについては、絵を見て想像してみよう」と指導します。

表紙を見れば物語のテーマを推測できる

表紙には物語の主人公や印象的な場面が描かれることが多く、表紙を見ることによって、物語の舞台やテーマを推測することができます。

『トムは真夜中の庭で』の表紙にも、おもな登場人物や庭、邸宅、庭でのできごとを象徴する弓矢など、多くの情報が入っています。

絵柄の好き嫌いについては、あまり気にしない方がよいでしょう。

課題2

この本の作者についてわかることを書きましょう。知らない人ならば、作者について書かれた左の紹介文を読みましょう。そして、作者はいつごろ、どこの国（地方）に生まれた人か、この本はいつ書かれたのか、作者はほかにどんな作品を書いているのかなどについて200字程度で説明してください。

フィリパ・ピアス
1920〜2006

イギリスの作家。ケンブリッジ州のグレート・シェルフォドという田舎町に生まれた。代々その地で大きな製粉工場を経営する家系だった。ケンブリッジ大学を卒業，のちに英国放送協会(BBC)で学校放送を担当した。『ハヤ号セイ川をいく』で作家としてデビュー。『トムは真夜中の庭で』でカーネギー賞を受賞した。他に『まぼろしの小さい犬』や短編集『幽霊を見た10の話』『真夜中のパーティー』などがある。

ヒント

カバーのそでや、巻末のあとがきには、作者についての説明が書かれています。

ここを最初に読むことで、作者はどこの人なのか、どのような経歴のもち主なのか、その作者はほかにどんな本を書いているのかなどがわかります。

その作者の別の作品を読んだことがあるのに気づいたり、作者自身について興味のあることがらを見つけたりできるとよいでしょう。

解答欄

25字×12行

解答例　Tくんの解答

　この物語の作者フィリパ・ピアスは、イギリス人の女性で、ケンブリッジ州のグレート・シェルフォドという田舎町に生まれた。代々大きな製粉工場を経営する家系で、古い大きな邸宅で育った。その庭の雰囲気はこの作品の中にも生き生きと描かれている。ケンブリッジ大学を卒業後、英国放送協会（BBC）で学校放送を担当した。

処女作は『ハヤ号セイ川をゆく』で、代表作に『ペットねずみ大さわぎ』『まぼろしの小さい犬』『真夜中のパーティ』などがある。

ピアスは

い

解説

　作者の生まれた年や出身地を知ることで、物語の時代背景や舞台が明らかになり、物語を読み進める手がかりになる場合があります。

　Tくんは巻末の「『真夜中の庭』でのこと」という作者本人による作品解説も読み、その内容をうまく取り入れて作者についての説明を書いています。

　Tくんは作者がいつごろの人かということをうっかり書き忘れたようです。生没年は作者名のすぐ下に書かれています。Tくんはこれを見て驚いていました。物語はかなり昔の話のようなのに、亡くなったのはほんの数年前だと知ったからです。

　指導者は巻末の解説まで、しっかりと目を通しておきます。そして、子ども自身が読むにはむずかしすぎる場合などに、わかりやすく説明します。すると、作品に対する子どもの理解を深められたり、読んでみようという気持ちを起こさせることができたりします。

指導のポイント

読書をすると書く力がつく

国語専科教室では、一週間に一度、1時間はしっかりと自分の力で文章を書きます。スタンダードクラスの最初の段階では、マンガを読み、それを読んでいない人にもわかるように説明する作文を書きます。

このとき、読書量の豊富な子どもとそうでない子どもが書いた作文には、はっきりとした差が生じます。あまり読んでいない子どもはすぐに鉛筆が止まり、「何て書けばいいんだろう」とつぶやきます。マンガの内容を頭ではきちん理解できているのです。ところが、読書量が十分でないため、自分が理解した内容を適切に表現するためのことばのストックが足りないのです。そのような子どもが書くためには、講師がいくつものことばをヒントとして与えなければなりません。

一方、授業のたびに何冊も本を借りて帰る子どもは、語彙と表現の貯蔵庫が頭の中にできあがっているかのようです。じつに楽しそうに、もっともぴったりした表現を自分のなかから探して原稿ノートを埋めてゆきます。そうして書かれた作文は、たいてい、講師が最上級の解答として想定しているものと重なるのです。

国語のテストも自然にできる

一週間に2冊、本を読んでいる子どもは、1年間で約100冊、読むことになります。4冊ならば約200冊です。たくさんの本を読んでいる子どもにとって、文章を読むことは、勝手のわかった自分の庭で過ごすようなものです。四字熟語も、変わった読み方の漢字も、日常生活ではあまり出てこないことわざも、子どもは、庭の片隅で見かけたヒヤシンスやスイカズラといった少し風変わりな植物のごとく、鮮やかな印象とともに、心に留めています。そして、物語の主人公とは、たいてい寄り添って、いっしょに悩みつつ歩きます。ですから、主人公の心情についてたずねられることがあれば、すぐに的確に答えることができます。物語で起こっていることを書かれている事実を基にして把握することになんの苦労もありません。いったんそのように本と親しくなった子どもは、もうどんな形で文章と向き合っても、動じるということはありません。

一方、本を読む機会の少ない子どもは、文章に入り込む経験が圧倒的にたりません。主人公とともに歩くということについて、場数を踏んでいないのです。そのため、テストで「このときの主人公の気持ちはどうでしたか」とたずねられるととまどってしまいます。また、文章に書かれた場面をありありと思い描くこともむずかしいのです。

本をたくさん読んでいるのに読解力がないという子どもは、読む本の質がよくないのか、文章を読み飛ばしてしまっているかのどちらかです。レッスン9からは、物語を深く読む方法を紹介していきます。

レッスン 9

物語の主題をつかむ

『トムは真夜中の庭で』を題材に、主題をつかむ方法を学習します。物語の多くは共通した構造をもっており、それを意識することで物語の主題が明確に見えてきます。

課題1

本を読み終えたら、つぎの表に「①はじめの設定」「②できごと」「③おわり」を書いてください。

①はじめの設定	②できごと	③おわり
いつ、どこで、だれが、どういう理由で、何をしているか	何が起きたか	さいごに主人公やできごとはどうなったか

ヒント

ほとんどの物語は、「はじめの設定」→「できごと」→「おわり」という流れで展開します。そこで、その3つの構成でまとめれば、物語がくっきりと見えてきます。

①はじめの設定
いつ、どこで、だれが、どういう理由で、何をしているのかについて書く

②できごと
物語で起こる中心的なできごとや事件について書く

③おわり
最後に主人公やできごとがどうなったのか、はじめの設定と比べてどう変化したのかについて書く

解答例　Tくんの回答

①はじめの設定	②できごと	③おわり
主人公のトムは、弟がはしかにかかったため、しばらくおじさんの家にあずけられた。そこには遊び相手もおらず、はしかをうつすといけないという理由で外にも出られず、退屈していた。	そんなある日の真夜中に、大時計が十三も時をうつのを聞き、ないはずの庭園に誘い出されて、不思議な少女と友達になった。そして、トムとハティは庭園で毎晩遊んだ。庭園ではいくつか不思議な出来事が起こる。まず、雷で倒れたはずのモミの木が翌日にはなぜか元通り立っていた。次はハティ以外の庭にいる人にはトムが見えていなかった。そして、トムより少し年下だったはずのハティがいつの間にか自分より年上になっていた。	トムはずっとこの家にいたいと思うようになっていたが、ついに、家に帰らなくてはいけない日がやってきた。その日に、気難しい家主であるバーソロミューおばあさんが実はハティだったことを知る。そして、トムはバーソロミューおばあさんをしっかりと抱きしめた。

庭のないアパートに住んでいる

眠れないでいたトムは

ハティ

いた。そして、

それから、

たち

に、

解説

①はじめの設定

はじめの設定は段落をわけず、一段落で書いてしまいましょう。

②できごと

わかりやすく書くためには、ひとつの文が長くなり過ぎないようにします。短めの文章を適切な接続詞でつなぐのがコツです。主語は省略できる場合もありますが、むやみに省略してしまうと、だれのしたことかがわからなくなってしまいます。必要な主語を書き落としていないか、書いた後、かならず見直しましょう。

③おわり

トムの気持ちが「はじめ」とはまったく違っていることが、きちんと読みとれています。

課題2

『トムは真夜中の庭で』の主題を一文程度で書いてください。

解答欄

15字×4行

ヒント

主題とは、その文章の中心的な内容のことです。

物語の場合、まず③おわり（＝最後はどうなったのか）について考えます。すると、何か②できごとがあって、それによって①はじめの設定（＝主人公の状態）が変化したのだということがわかります。

つまり、物語の主題は、はじめとおわりのあいだに起こった変化のなかに現れているはずです。

解答例1

おじさんの家に預けられて退屈していたトムが、真夜中の庭でハティと遊ぶことを通して時間の不思議を知る物語。

解答例2　Tくんの解答

時間は人やものを大きく変えてしまう。

解説

「○○が、××を通して、△△になる（する／させる／を知る）物語」

物語の主題を書き表すときは、たいていの場合、○○の部分に「はじめ」の内容を、××には「できごと」の内容を、△△には「おわり」の内容をまとめることによって、主題を一文で表すことができます。

○○の部分で「主部」をつくることがポイントです。主部とは、修飾語（おじさんの家に預けられて退屈していた）をともなった主語（トムが）のことです。

この方法で『トムは真夜中の庭で』の主題を書くと、解答例1のようになります。

導かれる主題はひとつではない

Tくんの解答はさらに簡潔です。Tくんは、家主のバーソロミューおばあさんがハティだったこと、時間によってモミの木が倒れていたり、立っていたり、庭園のようすがまったく違っていたことから主題を導きました。

主題の導き方はいくつもあります。指導者が主題のイメージをもつことは大切ですが、子どもが、想定外の主題を導いた場合も、安易に退けてはいけません。指導者が気づかなかった何か大切なものを、子どもが物語のなかに見つけている可能性があるからです。

物語の内容をふまえた理由をきちんと説明できれば、その主題は正しいといえます。

指導のポイント

大人が読み込んだうえで、子どもにすすめる

テレビやゲーム、アニメなど、子どもの欲求にどこまでも応える娯楽に慣れている子どもたちは、独自のペースで物語が展開する本のおもしろさに気づかず、「つまらない」と途中で投げ出してしまいがちです。

ところが、おとながその本を読んでいて、どこで話が大きく展開するかを知っていれば、「そのあたりはまだ退屈に感じるかもしれない。でも、もうすぐ話は大きく動くよ。じつは大事な情報がそこここに書かれているんだ。注意深く読みすすめよう」というような声かけをすることが可能になります。

主題を見つけるには、まず全体を把握する

物語を読むときには、まず全体を把握することが大切です。物語の主題は、一冊を読み通してこそ理解されるものだからです。全体を把握するために、はじめとおわりにどのような変化があったかを考えます。その変化がそのまま主題になるか、もしくは、主題につながる重要な手がかりになります。

日常とかけ離れた物語の世界にわけ入ることで子どもは成長する

子どもには、海外の、少し古い作品を積極的に選んで読ませます。

物語の舞台が自分の日常とかけ離れている場合、子どもはそこがいったいどのようなところなのかを全力で推測し、理解しようとします。この経験が将来、なじみのない環境に投げ込まれ、そこで生き延びていかなければならない事態に直面したときにも活きるはずです。そして、物語を読み進めるほどに、場所も時代もまったく違うのに、人間の根本はおどろくほど同じであるということにも気づかされるでしょう。

物語のなかの雄大な自然に触れる

子どもにとってはほんとうの雄大な自然に触れるのがいちばんです。けれども、現代の日本では触れられない類の自然に、物語を通して触れる経験も貴重です。

『トムは真夜中の庭で』には、イギリス全土が凍ってしまったとてつもなく寒い冬に、分厚い氷の張った川を、鉄道で移動するくらいの長距離、スケートで滑ってゆく場面があります。

『ハイジ』を読んだことで、実際に訪れたことはなくても、アルプスの自然を自分のなかに大切にもっている方も多いのではないでしょうか。

物語のなかに生き生きと描かれた自然に触れることも、子どもたちの感性を育みます。

レッスン10

物語と対話する

本と対話するコツは、自分なりの「切り口」を見つけることです。「対話お助けシート」は、その「切り口」を見つける手助けとなります。「対話お助けシート（物語用）」を使って物語と対話をしてみましょう。

課題

つぎの「対話お助けシート（物語用）」を使い、『トムは真夜中の庭で』の心に残った場面、印象に残った登場人物などを思い起こします。物語の主題は、あなたの生活とどのようにつながっているか考えてください。

対話お助けシート（物語用）

本の題名

1 場面について考えよう

①この物語のなかで心に残った場面はありますか。それは何ページの、どのような場面ですか。

②その場面を読んでいるとき、あなたはどう感じましたか。なぜそう感じるのかがわかるように説明しましょう。

2 人物について考えよう

①好きな登場人物、嫌いな登場人物はいますか。いる場合には、その人物の名前と好きな（嫌いな）理由を書いてください。

②もしあなたがその人に出会ったら、どのように接しますか。

③ もしあなたが、その場面を経験するとしたら、どうしますか。

④ あなたの今まで経験したり見聞きしたりしたできごとで、似たようなできごとはありましたか。あれば、そのできごとを説明しましょう。

③ あなたの身のまわりにそのような人物はいますか。あなたは、その人とどのような関係ですか。

3 全体について考えよう

① この物語を読んであなたが新しく知ったり、深く考えたりしたことは何ですか。

② この物語のような現実のできごと、ニュースなどはありますか。

③「なぜ?」と疑問に思ったところ、不思議に思ったところ、わからないところ、もっと知りたいと思ったところはありますか。

④ そのほかに、あなたの思ったこと、考えたことがあれば書きましょう。

解答例　Tくんの解答

対話お助けシート（物語用）

本の題名

1　場面について考えよう

①この物語のなかで心に残った場面はありますか。それは何ページの、どのような場面ですか。

三四五ページの、トムがバーソロミューおばあさんと抱きあったことをおばあさんが話しているシーン。

②その場面を読んでいるとき、あなたはどう感じましたか。なぜそう感じるのかがわかるように説明しましょう。

トムがバーソロミューおばあさんを抱いたのに感動した。なぜかというと、ふつうはおばあさんを抱いたりはしない。それなのにやったということは、トムがバーソロミューおばあさんをハティだと思い、ハティを心から信頼していないといけないから。

③もしあなたが、その場面を経験するとしたら、どうしますか。

ハティとわかっていても、はずかしいので抱きしめたりしないと思う。

④あなたの今まで経験したり見聞きしたりしたできごとで、似たようなできごとはありましたか。あれば、そのできごとを説明しましょう。

2　人物について考えよう

①好きな登場人物、嫌いな登場人物はいますか。いる場合には、その人物の名前と好きな（嫌いな）理由を書いてください。

ぼくが好きな人物はアランおじさんだ。最初は、きびしい感じがしてあまり好きではなかった。しかし、時のことを図をかいてくわしく説明してくれたりしたので、だんだんいい人だと思うようになった。

②もしあなたがその人に出会ったら、どのように接しますか。

③あなたの身のまわりにそのような人物はいますか。あなたは、その人とどのような関係ですか。

クラスメートのKくんを、最初は、いつもうるさいのであまり好きではなかったけれど、だんだんKくんがいると遊びがもりあがると思うようになった。

3　全体について考えよう

①この物語を読んであなたが新しく知ったり、深く考えたりしたことは何ですか。

時間は人や物をすさまじく変えてしまうということ。

②この物語のような現実のできごと、ニュースなどはありますか。

③「なぜ？」と疑問に思ったところ、不思議に思ったところ、わからないところ、もっと知りたいと思ったところはありますか。

時間はとても不思議なものだと思ったので、時間について科学的に解明した本が読みたくなった。

④そのほかに、あなたの思ったこと、考えたことがあれば書きましょう。

解説

物語の最後で、トムは、バーソロミューおばあさんがハティだと気づき、おばあさんを抱きしめます。Tくんは、この場面がもっとも心に残りました。同時に、自分ならば、はずかしいから抱きしめることまではできないのではないかと考えています。これには、イギリス（西洋）と日本の文化の差もかかわっているでしょう。

Tくんは、物語のはじめの方ではアランおじさんのことが好きではありませんでした。しかし、読み進むにつれて、まじめで不器用なアランおじさんのよさを感じはじめます。そして、自分の身のまわりの人物について、友だちのKくんの性格が、はじめは好ましくないものと感じられていたのが、Kくんをよく知ることによって、長所として感じられるようになったことを書いています。「人に対する見方が変化した経験」としてアランおじさんに対する感じ方と、Kくんに対する見方が同じようなことだととらえているのは鋭い視点です。

この物語を通して作者の伝えたいことは、「時間は人や物をすさまじく変えてしまうということ」だとTくんは考えています。「すさまじく」というのはとても強い表現ですが、Tくんがそのような強い印象を受けたということがわかります。

指導のポイント

シートへの記入の仕方

①心に残った場面を思い出す

まず、強く印象に残った場面を思い出します。そして、なぜ、その場面が自分の心を動かしたのかについて、第三者に伝わるように書くことで、深く考えることにつながります。

②その場面を自分が経験したら、と考える

子どもはふつう、無意識のうちに自分を主人公に重ねながら物語を読むものですが、それをあえて意識的にするのです。そして、自分ならどうするかを具体的にことばに表します。

③登場人物について考える

テレビアニメやマンガなどのキャラクターは、性格が過度に単純化されている場合が少なくありません。しかし、生身の人間は、そんなに単純ではありません。そして、よい文学作品においてももちろんそうではないのです。登場人物は多面的で、善でも悪でも、恐ろしくも滑稽でもあり、しかも、変化します。本を通じてこのような体験をすることはとても大切です。人に対する見方を深くし、敵・味方、いい子・悪い子、など、人間を単純に二分することに疑問をもてるようになるからです。

④印象に残った人物と、現実を重ね合わせる

身近に存在する人物の影響で、登場人物のだれかが気になったのかもしれません。あるいは、登場人物のことをよく知ることで、身近な人間を、それまでとは違った角度から見ることができるようになったのかもしれません。登場人物と身近にいる人をくらべるときには、何かポイントをしぼってくらべる方がよいでしょう。

⑤本全体のことを考える

この本は、自分に何をもたらしたのか。書き込んだことからそれを考えさせます。

ここに書くことは、本のストーリーから離れてもかまいません。疑問ばかりが100個出てもかまわないのです。この本を通して、何か、いままで考えたこともなかったことを子どもが考えはじめる。できる限り深く考えるということがあればそれでいいのです。

本を読むことで「現実を読む」力も高まる

物語の主題やテーマについて、自分の実際の生活に照らし合わせて考えさせます。すると、自分の身近なできごとを、それまでとは違った角度から考えることができるようになることもあります。物語を読むことで、新しい視点を獲得できる場合があるのです。つまり、本を読むことで、「現実を読む」力もまた高まるのです。

レッスン 11

本を紹介する（物語）

本のことをわかりやすく伝えるには、内容をきちんと理解し、自分のことばで表現しなければなりません。「紹介お助けシート（物語用）」を使って、本を紹介するために必要な要素を整理しましょう。

課題1

つぎの「紹介お助けシート（物語用）」に書き込み、『トムは真夜中の庭で』を人に紹介する準備をしましょう。

紹介お助けシート（物語用）

本の題名

はじめに

これから〈　ぼく　・　わたし　〉は、（　　　）さんに、

『（　　　）』という本を紹介します。

本の紹介

本・作者について

作者名：作者は、（　　　）という人です。

生まれや経歴：作者は、（　　　）の人です。

著作物：ほかに（　　　）という本を書いています。

この本や作者について、そのほかに知っていることがあったら書いてください。

（　　　）

ヒント

「紹介お助けシート（物語用）」とは、その本を紹介するために必要な要素を書き込むシートです。「はじめに」「本の紹介」「なぜこの本を選んだのか」「おわりに」の4つの要素があります。

「はじめに」

「だれ」に向けて「何という本」を紹介するのかを明確にします。「さんに」の部分は「お父さん、お母さんに」「友だちの○○さんに」あるいは「○○小学校の6年生のみなさんに」

おわりに	なぜこの本を選んだのか	
このような理由で〈 ぼく ・ わたし 〉は、（　　）さんに、この本をおすすめします。	なぜ〈 ぼく ・ わたし 〉がこの本を選んだかというと、（　　）からです。たとえば、（　　）ページがそうです。そのページに書かれている内容を説明し、それに対してあなたが考えたことや感じたことを書きましょう。（　　）	あらすじ この本の主人公はどんな人ですか？（　　） どんなできごとが起こりましたか？（　　） 最後に主人公はどうなりましたか？（　　）

など、その本を心から紹介したい相手を書きます。

「本の紹介」

①本・作者について

作者名、作者の経歴、本が出版された国や時代について紹介します。

②あらすじ

「レッスン9　物語の主題をつかむ」で学んだ、「はじめの設定」「できごと」「おわり」の3つの要素を書き込みます。

「なぜこの本を選んだのか」

その本を紹介する理由を書きます。「どこがおもしろいのか」「何に感動したのか」を具体的に書きます。

「おわりに」

紹介文をしめくくります。紹介文を読む人が、この本を読んでみたくなるようなメッセージを書き加えてもよいでしょう。

記入例

Tくんの記入

紹介お助けシート（物語用）

本の題名 トムは真夜中の庭で

はじめに

これから〈ぼく・わたし〉は、クラスのみんなさんに、『トムは真夜中の庭で』という本を紹介します。

本の紹介

本・作者について

作者名：作者は、フィリパ・ピアスという人です。

生まれや経歴：作者は、イギリスのケンブリッジ州の人です。

著作物：ほかに『まぼろしの小さい犬』や『ハヤ号セイ川をいく』という本を書いています。

この本や作者について、そのほかに知っていることがあったら書いてください。

作者の暮らした家の庭の雰囲気が、この物語に生き生きと書かれている。

あらすじ

この本の主人公はどんな人ですか？

外で遊ぶのが大好きなトム・ロングという小学生くらいの男の子。

どんなできごとが起こりましたか？

主人公のトムは、弟がはしかにかかったため、おじさんの家にあずけられた。そこで古時計が十三時を打つを聞き、外に出ると、ないはずの庭があった。そこで、ハティという女の子と友達になった。自分より小さいはずのハティが自分より大きくなるなど不思議なことが起こる。

最後に主人公はどうなりましたか？

トムは物語の最後に、アパートの持ち主のバーソロミューおばあさんがハティで、庭園の中の時間がめちゃくちゃだったのはバーソロミューおばあさんが見ていた夢の通りに進んでいたからだと知る。

なぜこの本を選んだのか

なぜ〈ぼく・わたし〉がこの本を選んだかというと、時間のすさまじさを伝えてくれる本だからです。たとえば、三三八～九ページがそうです。

そのページに書かれている内容を説明し、それに対してあなたが考えたことや感じたことを書きましょう。

バーソロミューおばあさんがトムに、庭園の中ではバーソロミューおばあさんがみていた夢の通りに時が進んでいたことを話した場面。時間がふつうに進まないとすごいことが起こる。たとえば、トムより小さかったはずのハティがいつのまにか大きくなっていたり、倒れたはずのモミの木が翌日にはもとどおりに立っていたりした。

「すごいこと」は
話しことば
・不思議なこと
・奇妙なこと

おわりに

このような理由で〈ぼく・わたし〉は、クラスのみんなさんに、この本をおすすめします。

解説

作者について

この本の作者フィリパ・ピアスは『まぼろしの小さい犬』という本を書いています。こちらの方が読みやすいと感じる子どももいるかもしれません。

本について

「作者の暮らした庭の雰囲気が、この物語に生き生きと書かれている」とTくんは書いています。これは巻末のピアス自身によって書かれた『真夜中の庭』でのこと」を読んでわかったことです。

なぜこの本を選んだのか

「時間のすさまじさを伝える本だ」からとTくんは書いています。では、なぜ、Tくんは時間のすさまじさを伝える本をみんなに紹介しようと考えたのでしょう。ふだんから何か、時間について思うところがあったのでしょうか。

指導者は子どもが書いたシートを読み、疑問に感じた点を質問したり、シートを読んだ人がどのようなことを感じるかを伝えながら、そこに書かれていない子ども自身の思いに気づかせます。

課題2

「紹介お助けシート（物語用）」に記入したことをもとに、800〜1200字程度で紹介文を書いてください。

解答欄

30字×10行

ヒント
紹介お助けシートに書き込んだ内容を、項目ごとに、段落わけをしながら文章にすることで、きちんとした紹介文を書くことができます。

30字×16行

30字×16行

紹介文の例　Tくんの紹介文

ぼくはクラスのみんなに『トムは真夜中の庭で』という本を紹介する。

作者は、フィリパ・ピアスというイギリス人だ。ほかに『まぼろしの小さい犬』『ハヤ号セイ川をゆく』などを書いている。

この物語の主人公は、外で遊ぶのが大好きな、トム・ロングという男の子だ。弟のピーターがはしかにかかり、トムは、庭のないアパートに住んでいるアランおじさんの所に預けられた。友達もなく退屈していたトムは、真夜中に大時計が十三も時を打つのを聞き、ないはずの庭園でハティという女の子と友達になった。それから毎晩トムは庭園で遊んだ。庭園では不思議なことが次々に起こる。例えば、雷で倒れたはずのモミの木が、翌日になると何事もなかったように立っていたり、自分と同じ年くらいなはずのハティが、いつの間にか自分より大きくなっていたりする。物語の最後で、トムは、アパートの持ち主のバーソロミューおばあさんがハティだったことを知る。そして、庭園の中の時間がめちゃくちゃだったのは、バーソロミューおばあさんがみた夢の通りに進んでいたからだった。

なぜ、この本を紹介しようと思ったかというと、時間のすさまじさを伝えてくれる本だからだ。

例えば、年が離れているはずのバーソロミューおばあさんが庭園

い

とグウェンおばさん

解説

「紹介お助けシート」を使う

「紹介お助けシート」に書き込んだ内容を順番通りに、段落にわけて書きます。それだけでわかりやすい紹介文に仕上がります。その際に、シートに書きこんだ内容を変更したり、新たに思いついたことをつけ加えたりしてもかまいません。

「対話シート」も活用する

レッスン10で書き込んだ「対話お助けシート」も活用します。

Tくんは「対話お助けシート」に書いた「時間について科学的に解明した本を読みたくなった」という部分を、紹介文の結びにしています。

段落につながりをつけ、いちばん伝えたいことをはっきりさせる

紹介文をさらに説得力のあるものにするためには、「いちばん伝えたいこと」をはっきりさせることが大切です。

Tくんは、この本を紹介しようと思った理由を「時間のすさまじさを

ではハティとしてトムと遊んでいた。また、ハティが成長すると、だんだんトムを遊び相手として見なくなってきた。このように、時間は人を大きく変えてしまうことが分かる。

　この物語を読んで、心に残ったのは、物語の終りの方で、大人になったハティが婚約者と会話している場面だ。トムは話に入れてもらえなくて、こんな話ちっともおもしろくないと思っているが、ぼくもお父さんとお母さんが話しているのをきくと、よくつまらないと思うからだ。

　トムが庭園に出たきっかけは、おじさんの家でいつまでたっても眠れなかったことだ。ぼくもよく布団に入っても眠れなくて退屈することがある。でも、ぼくがもしトムの立場だったら、アパートの裏のドアを開けて庭園には出ない。なぜなら、おばさんはアパートに庭がないと言っていた。そのように言うということは庭園に自分を出したくないということだと思うからだ。しかし、ドアを開けなければハティと遊んだり、庭園での不思議な体験もできない。

　この物語を読んで、雑誌に「時間は人や状況によって長くも短くもなる」と書いてあったのを思い出した。ただ、その記事にはあまりくわしく書いていなかったので、時間について科学的に解明した本を読みたくなった。

アラン

グウェン

最後で、トムがバーソロミューおばあさんを抱きしめたところだ。ふつうはおばあさんを抱きしめたりはしない。それなのにそうしたということは、トムがバーソロミューおばあさんをハティだと思い、ハティを心から信頼していると分かるからだ。


伝える本だから」と書き、つづく段落で「時間のすさまじさ」の例をあげています。

　しかし、さらにそれにつづく段落では、「時間のすさまじさ」とは関係のないこと——大人同士の話を聞くのはつまらないこと——を書いています。

　そこで、この段落を「物語の最後でトムがバーソロミューおばあさんと抱きあった場面」に書きかえることをTくんに提案します。

　Tくんはこの場面を「対話お助けシート」の1-①「心に残った場面」にあげています。

　ここは、少女がおばあさんに姿を変えているという「すさまじさ」を乗り越えて、ハティとトムの心が通う圧巻の場面です。この内容に書きかえることで、「時間のすさまじさ」を補強することができます。


しまいには、ハティは婚約者とばかり話して、トムは会話に入れてもらえなくなってしまう。

指導のポイント

子どもの書く意欲を引き出す

本の紹介文を書かせるときには、だれに、どのような理由で本を紹介したいのかを、子ども自身にしっかりと考えさせることが大切です。

子どもは、いろいろなことを感じながら本を読みます。しかし、本を読んで何かを感じるという体験は、本来きわめて私的なものです。ですから、いきなり「紹介文を書きなさい」といわれても、なぜ書く必要があるのか、子どもはまったく理解できず、書く意欲もわきません。

そこで、「紹介お助けシート」の「はじめに」の項で、本の内容を紹介する相手を明確に想定させます。それによって、「○○さんにわかるように書こう」という意識が子どもに芽生え、どのように伝えようかと工夫する熱意が生まれてきます。

あらすじを書く

本と著者についてかんたんに紹介した後は「あらすじ」を書きます。

指導者によっては、自分が子どものころに読書感想文を書くときにあらすじを書くことは好ましくないと指導された記憶があり、子どもにあらすじを書かせることにためらいを感じるかもしれません。しかし、あらすじがなければ、その本を読んだことのない人に本の内容を伝えることはできません。

「あらすじを書くのがよくない」のではなく、「あらすじばかりを書くのがよくない」のです。

あらすじは、「レッスン9　物語の主題をつかむ」で学習したように、①はじめの設定・②できごと・③おわりで構成し、簡潔に書きます。

その本を選んだ根拠を明確に書く

「紹介お助けシート（物語用）」のもっとも大切な部分は「なぜこの本を選んだのか」です。

この欄に子どもが書き込む内容は、本の主題そのものであったり、心にもっとも残った場面であったりします。いずれにせよ、それがその子どもにとってどのような意味をもつのかということが大切です。

子どもは、その本を紹介する理由を明確には意識していないことの方が多いでしょう。指導者は子どもと対話しながら、ぼんやりと抱いている思いを子ども自身がことばにできるように手助けします。

スタンダード読書期ですすめたい本

1 入り口の本

はじめてスタンダード読書に挑戦するとき、子どもに手渡す「入り口の本」は、つぎのような要素を備えたものがよいでしょう。

①子どもが楽しむことのできる物語

世界の多くの子どもたちに楽しんで読まれ、時間による淘汰を生き残った本がまず第一の候補です。

②ハードカバーで文字の大きさがちょうどよい本

はじめは文庫ではなく、ハードカバーの本を手渡します。文字も小さすぎないものを選びます。

③子どもが一気に読み切れる分量のもの

みじかい物語がいくつか入って一冊になっている本、あるいは、章立てによって一話一話が独立した物語になっている本を選びます。最初の物語、あるいは一章を読んだところで「読めた」「おもしろい」と達成感を得て、つぎの物語（あるいは章）に進むことができます。

入り口の本が読めないとき

入口の本を渡しても、それを読めない子どももいます。そのようなときにはつぎの方法を試します。

①絵本にもどる

まだ、読む力が十分についていない場合は、プライマリー読書の絵本にもどります。ストーリーがしっかりしていて、むずかしいことばを使っていない質のよい文章を読むことで、読む力の基礎を固めます。絵本にもどるのは遠回りのようですが、読むべき絵本をきちんと読んでいけば、数カ月で本格的なスタンダード読書をはじめられるようになります。ですから、実際には近道なのです。

しかし、指導者が絵本を軽く見ていてはいけません。すぐれた絵本を読むことは、その後に質の高い本を読み続けていくための基礎になるということを、指導者がきちんと理解しておく必要があります。

②書くことで読む力を伸ばす

書くことで読む力を伸ばすこともできます。たとえば、5ページくらいの短い物語を読み、「はじめ」

おすすめの本

入り口の本

『動物のふしぎ』
小宮輝之監修／PHP研究所

『科学なぜどうして 三年生』
久道健三編著／偕成社

『親指こぞうニルス・カールソン』
リンドグレーン作／大塚勇三訳／岩波書店

『大どろぼうホッツェンプロッツ』
プロイスラー作／中村浩三訳／偕成社

『小さなスプーンおばさん』
アルフ＝プリョイセン作／大塚勇三訳／学習研究社

「できごと」「おわり」をきちんと押さえて200字程度で要約するという練習を重ねます。
すると、だんだん読み飛ばしがなくなり、読む力がついていきます。

2 ステップアップの本

読書は、勉強でも押しつけられるものでもなく、純粋な楽しみです。ただし、読書を楽しむためには少しの時間と努力が必要です。いったん読むことの自由さ、楽しさを知った子どもは、自分でつぎからつぎへと本を手に取るようになります。そうなれば、大人の役割は、適切なタイミングでステップアップできる本をすすめる程度で、あとは基本的に見守るだけです。

入り口の本は、プライマリー読書の延長線上にあり、どこまでがプライマリー読書でどこからがスタンダード読書かはっきりわけられるものではありません。

一方、ステップアップの本は、本を読む楽しみを知った子どもに手渡す本です。子どもの読みたいという気持ちを大切にしながら、少しずつ読みごたえのある本をすすめていきます。

①能動的な読書を可能にする本を与える

「能動的な読書を可能にする本」とは具体的にどのような本でしょうか。

それは、物語ならば、すぐれたファンタジーを指します。ストーリーや描写がしっかりしていて、子どもがその世界にきちんと入り込むことができるもの。空想の世界がきちんと構築され、真実の手ざわりがあるものです。そうでない本は、時代の移り変わりとともに淘汰され、消え去ります。ですから、長く読み継がれてきたファンタジーはきちんとそのような要素を備えているのです。

ただし、そうした本は描かれている時代が古かったり、環境が現代社会とはまったく違っていたりするので、子どもはそのギャップを跳び越えなければなりません。そのジャンプこそが、能動的な読書への意義ある第一歩です。

一度、ジャンプのコツを体得した子どもは、もう自分がジャンプをしているなどと意識することはありません。無意識のうちにジャンプをくり返し、巧みに本の世界にわけ入っていくことでしょう。

一方、与える本がただ刺激的なだけだったり、描写のほとんどない、会話ばかりで進んでいく本だったりすれば、かんたんに読めても、子どもはしっかりとした世界を本といっしょにつくり上げることはできません。

そのような本を、国語専科教室では「おやつの本」と呼ぶこともあります。ときには「おやつの本」

おすすめの本

ステップアップの本

『砂鉄とじしゃくのなぞ』
板倉聖宣著／仮説社

『スズメの大研究』
国松俊英文／関口シュン絵／PHP研究所

『ムギと王さま』
ファージョン作／石井桃子訳／岩波書店

『オ・ヤサシ巨人BFG』
ロアルド・ダール著／クェンティン・ブレイク絵／中村妙子訳／評論社

『ライオンと魔女』
C.S.ルイス作／瀬田貞二訳／岩波書店

を読むことがあってもかまいません。しかし、「おやつの本」めいたものはすでに子どもたちのまわりにあふれかえっています。なるべく、子どもを成長させる本（能動的な読書を可能にする本）を身近におくことが大切です。

②読書記録をつけさせる

かんたんな読書記録を子どもにつけさせ、読んだ本をおもしろいと感じたのか、つまらなかったのかなどを評価します。評価方法は、子どもと話し合って自由に決めます。つぎの例では、面白いと感じた順に、◎◎○△×の5段階で評価しています。また、とくに感じたことがあれば評価の欄にひとこと書いてもらいます。

かんたんな読書記録をつけることで、自分の読書傾向を子ども自身が知ることができると同時に、「これだけの冊数を読んだ」という達成感を得ることができます。一方、大人にとっては、子どもにすすめる本を選ぶ際の参考になります。

ただし、読書記録は必ずつけなくてはならないものではありません。記録をつけることより、本を読むことのほうが大切だからです。

3 ゴールの本

スタンダード読書では、最終的に、質、量ともにしっかりとした作品を大いに楽しみながら読めるようになることを目標とします。

このような「ゴールの本」が読めるようになれば、どんな本でも読めます。つまり、子どもは読書に関し、自由を獲得したということになるのです。

ゴールの本

『科学的とはどういうことか』
板倉聖宣著／仮説社

『ふしぎなことば ことばのふしぎ』
池上嘉彦著／筑摩書房

『レ・ミゼラブル 上・下』
ヴィクトル・ユゴー作／G.ブリヨン絵／清水正和編・訳／福音館書店

『秘密の花園』
F.H.バーネット作／堀内誠一絵／猪熊葉子訳／福音館書店

『二年間の休暇』
J.ベルヌ作／太田大八絵／朝倉剛訳／福音館書店

●「かんたん読書記録」の例（小学3年生・女子）

No.

Date

書名	作者	借りた日	返した日	評価
青いジョーカー	竹下文子	10/6	10/13	◎
ほのおをこえて	〃	10/6	10/13	◎
金の波 銀の風	〃	10/13	10/20	◎
びりっかすの神さま	岡田淳	10/13	10/20	✿
最後の手紙	竹下文子	10/20	10/27	◎
しっぽ	たつみや章	10/20	10/27	✿
こちらゆかいな窓ふき会社	ロアルド・ダール	10/27	11/6	◎
まよなかのま女のひみつ	岡田淳	10/27	11/6	✿
ふしぎな木の実の料理法	〃	10/27	11/6	✿
ミュージカルスパイス	〃	11/6	11/12	◎
はじまりのきの神話	〃	11/6	11/12	◎
だれかののぞむもの	〃	11/6	11/12	◎
がんばれヘンリーくん	クリアリー	11/12	11/19	◎
ふたりのロッテ	エーリヒ・ケストナ	11/12	11/19	◎
小さなスプンおばさん	アルフ・プリョイセン	11/12	11/19	✿
スプーンおばさんのぼうけん	〃	11/19	11/26	◎
ひゃくまいのきもの		11/19	11/26	✿
としとったばあやのお話かご	ファージョン	11/19	11/26	✿
まぼろしの小さい犬		11/26	12/10	◎
イタリアののぞきめがね	ファージョン	11/26	12/10	◎
かっぱの話.まほう	坪田じょうじ	11/26	12/10	◎
びりっかすの子ねこ	ディヤング	12/10	12/17	◎
ドリトル先生航海記	ロフティング	12/〃	〃	
いたずらラッコのロッコ	神沢利子		1/14	◎
チョコレート戦争	大石真		1/14	◎
ぼくのつくった魔法のくすり	ロアルド・ダール	1/14	1/20	✿
マチルダはちいさな大天才	〃	1/14	1/30	✿
空へつづく神話	富安陽子	1/20	1/28	◎

コラム 2

スタンダード読書を可能にする家庭環境と読書のはじめどき

いったいどのような家庭環境がスタンダード読書を可能にし、どのようになればスタンダード読書をはじめられるのでしょうか。

本棚によい本を並べよう

まず、家の本棚によい本が並べられていることが大切です。本棚は子ども部屋になくてもかまいません。リビングルームもかっこうの本棚スペースです。ゲームもコミックも、テレビで宣伝され、店頭の子どもの手の届くところに並べられ存在をアピールしています。そのなかで、ほんとうに必要なよい本を子どもが手に取るように力を尽くせるのは親だけです。

本はわざわざ買わなくてもかまいません。いとこや友人の子どもの読まなくなった本を譲り受け、本棚に並べておくのはとてもよい方法です。思い入れのある本はだれしも捨てがたいものですから、よろこんで送ってくれるでしょう。

本棚に入った新しい本に気づいても、子どもはすぐには手に取らないかもしれません。そのような場合は、まず、大人が自分でその本を読んでいればいいのです。子どもが読むべき本は、大人が何度読んでもおもしろいものです。

本の並べ方を変えて楽しむのもよいでしょう。作者別にしたり、背表紙の色の組み合わせを美しくしてみたりします。

いまは読む気がしなくても、何かのきっかけで不意に手に取ることがあります。子どもは日々成長しています。そして、友だちや先生からさまざまな情報を受け取り、興味の対象もどんどん変化していきます。とにかく、読ませようとあせらないことが大切です。良質の本たちに、本棚で静かに出番を待っていてもらいましょう。

地域の図書館にいこう

週に一度か、2週間に一度くらい、子どもを連れて地域の図書館にいきましょう。一度にかなりの冊数の本を借りることができます。

子どもが読みたい本、親が読ませたい本、それまでまったく手に取ったことがないような分厚い本などを、ぜいたくに取り混ぜて借りることができます。

図書館の児童書コーナーのよいところは、すでに選別を経ていること、少し古い本も置いてあることです。また、作家別に並んでいるので、目当ての作家の作品をすぐに見つけ出すことができるのも便利です。

いすに腰かけて一心に本を読んでいる同じ年ごろの子どもたちの姿にも、子どもは大いに刺激を受けるでしょう。

書店で本を買おう

ときには本屋に出かけて、子どもに本を買いましょう。親に本を買ってもらうというのは、子どもにとって、やはりうれしいものだからです。国語専科教室でも「お母さん（お父さん）に○○○を買ってもらった」とうれしそうに報告してくる子どもがよくいます。

子どもが買ってほしいという本が、内容の薄い「おやつの本」ばかりのときは、「これも買おうね」と、親が読ませたい本もあわせて買ってしまいましょう。

親が読書を楽しもう

子どもは「親のいうこと」は聞きません。「○○をしなさい」といわれたとたん、○○だけは絶対にしたくなくなる、というのが人間の心理です。

けれども、子どもは親の「していること」はよく見ていて、無意識にまねるものです。親が読書に没頭している姿をしばしば目にする子どもは「なんか楽しそうなことをしている」と感じます。体はここにあるものの、心は別の世界にいっているということも察知します。やがて、子どももごく自然に本を読みはじめます。

子どもにひとりの時間を与えよう

本を読むにはまとまった時間が必要です。学校の授業時間がのび、毎日のように塾や習いごとが入っていては、子どもには細切れの時間しか残りません。そのような場合、子どもの心は楽しむために積み重ねの必要な読書より、すぐに楽しめるテレビやゲームの方に向いてしまうでしょう。

そもそも「ひっきりなしに何かを教えられている」というなかでは、子どもの成長はありません。絶えず何かを教えられている子どもは、「教えられている最中に休憩する」という技を編み出してしまうことさえあります。

子どもがぼーっとしたり、空想にふけっていたりする時間はむだのように思えますが、じつは宝石のような時間です。子ども時代にそのような時間がふんだんにあってこそ、何かを主体的にするというもっとも大切なことをはじめられるのです。

スタンダード読書のはじめどき

スタンダード読書のはじめどきは、ひとことでいえば、「没頭して本を読めるようになったとき」です。本の世界にすっかり入ってしまっているときは、子どもはまわりに見えないカーテンを引いたように「ひとり」になります。このとき、少しくらいうるさくてもまわりのことが気になりません。

具体的には、つぎのポイントに着目してみてください。

①子どもが絵本を十分に楽しみ、読み聞かせよりも自分で読んだ方がよいと思うようになる。

②黙読ができるようになる。

③一気に読み切る集中力がついている。

④内容が理解できている。

「あと何分読めばいい？」などとしきりにたずねる、先のページを気にする、本越しにあたりをきょろきょろ見まわす、などのようすが見られたら、スタンダード読書をさせるにはまだ早いでしょう。そんなときは、85ページの「入り口の本が読めないとき」を参照してください。

本の内容についてかんたんに会話をすると、子どもが、内容をどの程度理解しているかがわかります。しかし、子どもは「確認されること」をきらいます。あくまでも会話そのものを楽しむことが大切です。本についての会話が「テスト」のようになってしまうと、かえって子どもを本ぎらいにしてしまいます。

第3章

内容を分析し、批判的に読む ハイレベル読書

ハイレベル読書で身につく力

- 著者の主張を論理的に読み取る力
- 書かれていることをうのみにせず、批判的に読む力
- 自分なりの視点で考えながら読む力

知識伝達型教育のもたらしたもの

従来の日本では、教師が覚えるべき情報を与え、生徒はそれらをしっかりと覚えればよいという、「知識伝達型」の教育が主流でした。

もちろん、知識を覚えること自体は必要なことです。しかし、あまりに一方的な知識伝達型教育のいき着く先はどこでしょうか。それは、さまざまなことに疑問を感じ、自分なりの解答を粘り強く探していこうとする力の喪失です。

「生きる力」を養うための読書＝ハイレベル読書

だれかがあらかじめ考えたことや、「正しい」とされていることがらを知るだけでは、いわば借り物の知識を大量に覚えたに過ぎません。それでは「何が真実なのか」ということを、自力でとことん考え抜く力は育ちません。

しかし現代社会では、情報化によってさまざまな人びとの意見が日々世界中を飛び交っており、わたしたちは何かの問題に対する「答え」を、安直に求めてしまいがちになっています。さらに、だれかの意見をただ「知る」だけで、自分の頭で考えたつもりになってしまうこともあります。

これからの時代をより豊かに生きるには、唯一絶対の「答え」が与えられるのを待っているのではなく、複雑な現実に対して、自らの視点で「問い」を立て、さまざまな情報を批判的に考えて、粘り強く真実を追究していこうとする態度が大切です。いいかえれば、いま必要とされているのは、「いまのこの現実」や、まわりの世界を自分なりの視点でしっかりと読み取り、自分自身の考えをつくっていく力であるといえます。

「ハイレベル読書」とは、まさにそのような「生きる力」を養うための読書です。この章では、ハイレベル読書に役立つ、さまざまな読書技術を具体的に紹介します。

自分で「問い」を立て、「答え」を粘り強く探す

ハイレベル読書では、自分自身の「考えたいこと」をもち、自分自身で「問い」を立て、その解決に役立つたくさんのテキストを読みます。ここでいう「テキスト」とは本だけではなく、インターネットや新聞などを通して伝えられる情報も含まれます。

私たちは自分自身で「問い」を立てることで、はじめて「考えたい」という欲求をもつことができます。わからないからこそわかりたいと思うのです。わたしたちは、何かどうしても解き明かしたい疑問が生じると、さまざまなものを調べ、自分なりの答えを探します。そうした、自ら立てた「問い」を徹底的に考えていくというダイナミックなプロセスが、ものごとを「わかったつもり」にせずに、自発的に粘り強く考える力を育んでいくのです。

テキストを論理的・批判的に読む

また、ハイレベル読書では、テキストを論理的かつ批判的に読む技も身につけていきます。ハイレベル読書では、テキストをただ読み味わうのではなく、「この人は何を主張しているのだろうか?」「その根拠は何だろうか?」「この人の考えはほんとうに正しいのだろうか?」などと、論理的かつ批判的に読む技術を、「三角ロジック」（レッスン14参照）や「考えるシート」（レッスン15参照）などのツールを使って学んでいきます。

レッスン 12

本文を読む前に内容を予想する

ある程度レベルの高い説明文を読むときには、本文を読む前に、あらかじめ内容を予想しておくことが効果的です。表紙やもくじ、まえがきやあとがきに目を通して、どのような内容の本なのかを予想してみましょう。

課題

つぎの本の表紙、もくじ、著者の経歴を見て、どのような内容の本なのかを予想し、考えたことを箇条書きで書き出してください。

ヒント

①書名や副題

本のタイトルやサブタイトルを見るだけで、本の内容や著者の主張がある程度予想できる場合があります。

②表紙やカバー

本の表紙に描かれている絵柄なども、その本の内容を予想するヒントになることがあります。またカバーの裏には、その本の要点が書かれてあることもあります。

③もくじ

もくじを読めば、その本の大まかな内容、著者の主

もくじ なぞとき物語

はしがき 1

鉄道マニア 日本で一番高いところにある駅はどこ？　でも、「下らない」という言葉にそんな意味があったとは……。 10

ドングリ あそぶ・食べる・育てる……。かわいいドングリにまつわるいくつものお話。ドングリひろいの季節に。 20

ワタの実 ふとんなどに使われている綿のもと、〈ワタの実〉を見たことありますか。まるでフワフワした花みたい。 28

僕と月、雲と月 実際に経験してみると、不思議ふしぎ。僕が歩くと……月もついてくる。僕が止まると……月も止まる。 32

太平洋 大西洋と太平洋。なぜ太平洋の太には〈、〉がある？　地図や辞書を片手に読むとさらに楽しめます。 36

くだものか野菜か 〈くだもの〉とはなんでしょう？　その語源をたどっていくと、言葉の変わってきたさまが見えてきます。 40

常識？　非常識？ 返信ハガキに「行」と書きますか、「様」と書きますか。「常識」とされていることも変わっていくのです。 52

言いにくい言葉 早口ことばだけではない、いいにくい言葉。 58

海の上を歩く法 足さえうまく動かせば、海の上も歩ける？ 62

ゆうだち 月と日と雷が、おなじ宿屋にとまりました。 63

草木のかけくらべ 草木の仲間が集まって山登り競争を始めた。 64

おくすり くすりには、それぞれ飲み方があるのです。 68

胃とからだ こうやってからだは一つにつながっている。 70

――この6つのお話は、昔の教科書にのっていたもの

ものが見えるのはどうしてか ものが見えるためにはいろんな条件があります。明るさもその一つ。でも明るいだけではだめなのです。 72

重さの錯覚 マッチ箱を使ってやってみよう。重いはずのものが軽く感じる不思議な実験。人間の感覚はデリケート。 78

九九ものがたり わたしたちが親しんできた「九九」。なんと、千年前の子どもたちも同じように口ずさんでいたのです！ 88

切り紙 最初に出来ばえのいいものが作れたら、次々にいろんな形に挑戦したくなる。これもものづくりの極意。 92

笑い話・数字の書き方 0から9まで数字の形にこんな意味があった……のかな？　いたずら博士はこんな風に考えたようです。 102

一筆書きの数学 ときにはタテ書きの数学の話はいかが？　一筆書きの秘密をお教えしましょう。これも立派な数学です。 106

道路の形 中学・高校の数学ともなると実感がわきませんが、数学も、こうして社会の中で役に立っているのです。 114

道路標識 暗号みたいな「記号」。わけさえわかればとっても便利で、親しめます。まずは道路標識から親しもう！ 120

羽根に日の丸をつけたトンボ いたずら博士の子どものころの大発明。大発明も、じつはちょっとしたことから生まれたりするのです。 132

「ケタチ」の話 銀行などで使われるまちがいさがしの方法、「ケタチ」。数学もこうして職業の中で生かされています。 183

解説
鉄道マニア 142　ドングリ 144　ワタの実 146　僕と月、雲と月 147　太平洋 150
くだものか野菜か 152　常識？非常識？ 152　言いにくい言葉 155　海の上を歩く法・ゆうだち 155　草木のかけくらべ 156　おくすり・胃とからだ 159　ものが見えるのはどうしてか 159　重さの錯覚 160　九九ものがたり 161　切り紙 163　笑い話・数字の書き方 168　一筆書きの数学 169　道路の形 170　道路標識 171　羽根に日の丸をつけたトンボ 174　「ケタチ」の話 176

あとがき 184

執筆者一覧・初出一覧 188

●イラスト：川瀬耀子
●装丁：〔街屋〕平野孝典

表紙に描かれている3匹の動物は……オカピとカモノハシとヤマバク。
オカピはアフリカに住んでいて、密林のキリンと呼ばれている。
カモノハシはオーストラリアに住んでいる。哺乳類なのに、卵で産んで乳で育てる。くちばしと水かきももっている。
ヤマバクは**アンデスバク**とも呼ばれ、南アメリカのアンデス山脈に住んでいる。高い所では標高四五〇〇メートルの地点にまでいる。

（『なぞとき物語』仮説社／板倉聖宣・村上道子編著）

張の筋道、論の運び方などがある程度予想できます。つまり、その本の全体像をつかむことができます。そうすることで、後で実際に本文を読んでいく場合にも、全体のなかでの位置づけを考えながらスムーズに読んでいくことができます。

④著者の経歴

著者の経歴を確認することで、それがどんな領域の本なのか、予想することができます。たとえば、科学に関する本なのか、哲学に関する本なのか、歴史に関する本なのか、といった具合です。

⑤まえがきやあとがき

まえがきやあとがきには、その本を書いた目的や、その本の評価などが書かれています。

板倉聖宣（いたくら・きよのぶ）
1930年，東京に生まれる。1958年，物理学史の研究で理学博士となる。1959年，国立教育研究所に勤務。1963年，科学教育の内容と方法を革新する仮説実験授業を提唱。1983年，編集代表として『たのしい授業』を創刊。1995年，国立教育研究所を定年退職し，私立板倉研究室を設立。研究分野は多様で，著書も，『科学と方法』（季節社）『いたずら博士のかがくの本』全12巻（国土社）『日本史再発見』（朝日新聞社）『科学的とはどういうことか』『仮説実験授業』『歴史の見方考え方』『フランクリン』（仮説社）ほか多数。

村上道子（むらかみ・みちこ）
1945年，千葉県に生まれる。1973年，千葉県船橋市の教員となる。教員になった年に雑誌『ひと』が創刊され，仮説実験授業に出会う。以後，仮説実験授業を行いながら，多くの論文・授業記録を発表し，とくに1890年代からは，国語教育の枠だけにおさまらない〈ことばの授業〉についての考え方や授業プラン・授業記録などを『たのしい授業』に発表する。著書に，それらをまとめた『ことばの授業』（仮説社）がある。

解答欄

解答例

Yさん（中学2年生・女子）が推測し、気づいたこと

・さまざまな身の周りのなぞについて、読者が楽しめるように分かりやすく説明している本。
・学校で習ったことを、少し視点を変えて考えようとしている本。
・勉強するのは楽しいということを伝えようとしている。

解説

タイトルや著者の経歴、表紙のイラスト、まえがきなどに、ひと通り目を通しておくことが、説明文の内容を予測するコツです。

例示した本の場合、タイトルに「なぞとき」ということばがあり、もくじには「くだものか野菜か」「ものが見えるのはどうしてか」などといったたくさんの「なぞ」が書かれていることから、身のまわりのたくさんのなぞが、短編形式で説明されている本であろうと予測することができます。

Yさんはそれに加えて、表紙のユーモラスな絵や著者の経歴などから、この本が勉強の楽しさを伝えようとする本であると予想しています。

Yさんは、説明文をあまり読み慣れていませんでしたが、あらかじめ内容を予想したことで、本文を楽しく読み進めることができました。

指導のポイント

本の下見をさせる

ハイレベル読書では、自分自身の「問い」に関するたくさんの説明的文章を読んでいきます。ただし、最初からいきなり本文を読みはじめても、内容をスムーズに理解することはできません。最後まで目を通すのにたいへんな時間がかかってしまい、素早く内容をつかめないのです。

本を読む前には、本の内容を大まかに点検させます。その本に何が書かれているのか、本の著者はどのような考えを主張しているのかを、予想させるのです。「本の下見をする」といってもよいでしょう。そうすることで、何もしなかったときと比べて、ずっとスムーズに本文を読めるようになります。

小説やエッセイを読む場合などは、必ずしもまえがきやもくじなどを先に読む必要はありませんが、説明的文章や教養書の場合には、この方法が非常に役に立ちます。

ひろい読みをさせる

ほかにも、もくじを読んでとくに重要だと思われる章に目を通し、ひろい読みをさせるのも効果的です。

多くの場合、著者がとくに強調したいことがらは、終わりのほうの章に書かれています。そういった章にあらかじめ目を通しておくことで、その本におけるキーワードなどがうっすらとわかってきます。

レッスン 13

「つっこみ」を入れながら読む

本やテキストに書かれていることはいつも正しいとはかぎりません。書かれたことをそのまま信じるのではなく、著者に質問するようなつもりで、常に疑問をもちながら読むことで、内容の理解が深まります。

課題1

つぎの文章を読んで、よくわからないところや疑問に思ったことなどを、著者に質問するように箇条書きにしてください。

「ホッキョクグマが温暖化で危機に」

ワールドウォッチマガジン

最新の報告によると、北極では現在、地球上の他の場所と比べ、二倍近い速さで温暖化が進行している。温暖化は北極点の氷の融解を加速し、近隣地域に住むホッキョクグマなどの野生生物や人々、世界中の海面、地球全体の温暖化に深刻な影響を及ぼす。

世界8か国からなる「北極気候影響アセスメント」は、アラスカやカナダ西部の冬の平均気温が過去50年間で最大4℃も上昇したと発表し、温暖化を20世紀に起きた温室効果ガス排出という人的な原因によるものだとしている。北極の気温は2100年までに更に4~7℃ほど上昇し、周辺の海氷や巨大なグリーンランド氷床が溶けるのを加速する可能性がある。北極の夏の海氷は、過去30年間で面積にして平均15~20%

ヒント

著者に質問するための道具

①定義する
「~とはどういうことだろうか?」と考えてみましょう。

②比較する
「AとBとの違い、同じところは何だろうか?」と考えてみましょう。

③具体化する
「~をもっと具体的にいうと何だろうか?」と考えてみましょう。

④抽象化する
「~は何を意味しているのだろうか?」と考えてみましょう。

⑤疑う
「ほんとうに? なぜ~だといえるのだろうか?」と考えてみましょう。

も小さくなり、１９６０年代後半以降最大40％も薄くなってしまった。今世紀中に、氷がほぼ完全に溶けてなくなってしまう可能性もある。その場合、氷に代わって、日光の熱を吸収する色の濃い海面が広がり、地球全体の温暖化が加速するという波及効果が広がるだろう。

同アセスメントはまた、グリーンランドの氷床やアラスカおよびカナダの氷河の融解によって、地球の海面が次第に上昇していくと警告している。表面の融解が起こっているグリーンランド氷床の面積は、１９７９〜２００２年の間に16％拡大し、２００２年には過去最大の融解が起こった。何世紀も先の話ではあるが、氷床すべてが溶けると、海面は約7メートル上昇し、世界のほとんどの沿岸地域を水没させるだろう。

ホッキョクグマ、オットセイや海鳥など、氷縁部に餌を求めている動物もまた、北極の気候変化に苦しみ始めている。カナダ北部では、氷原の縮小のために、ホッキョクグマの間に飢餓や体重減少が起こっており、科学者たちは今後20年の間に、いくつかの地域は、クマにとって生息不可能になるだろうと予測している。氷や永久凍土の融解はまた、伝統的狩猟や漁業の可能な期間を短縮し、深刻な海岸侵食、洪水、建物の地盤のゆるみを引き起こすなど、極北の先住民の暮らしを脅かしている。

(http://www.worldwatch-japan.org/NEWS/worldwatchreport071500.htm より)

⑥反対する

「〜ということにはあまり賛成できないな」と考えてみましょう。

解答欄

質問	行目

解答例

Kくん（中学2年生・男子）の解答

行目	質問
1行目	「地球上の他の場所」とは具体的にどこのことか？
1行目	「二倍近い速さで温暖化が進行している」というのは本当か？
5行目	「北極気候影響アセスメント」とはどういうグループだろうか？
7行目	温暖化は本当に「人的な原因」だと言いきれるのだろうか？
18行目	「海面は約7メートル上昇し、世界のほとんどの沿岸地域を水没させる」とは驚いた。しかし、どうしてそう言えるのだろうか？
20行目	ホッキョクグマなどが「苦しみ始めている」とは具体的にどのようなことだろうか？
22行目	「科学者たち」とは具体的に誰だろうか？
24行目	「深刻な海岸侵食、洪水、建物の地盤のゆるみ」は、具体的にどの場所で起こっているのだろうか？

解説

文章は、近年マスメディアでもさかんに取り上げられている地球温暖化がテーマのニュース記事です。

ふだんからよく耳にするテーマであるだけに、何の疑問も感じずに読み進め、わかったつもりになってしまいがちです。

Kくんも、はじめはとくに何の疑問も感じずに読み終えたようでした。そこで、ヒントにある「つっこみ」を入れながら読むための質問項目を参考に改めて読み直させたところ、上のようにたくさんの「つっこみ」を入れることができました。

このように、自分がよく知っていると思われる話題の文章であっても、一歩立ち止まって常に疑問をもちながら読むことが大切です。そうすれば、書かれてあることの理解も深まり、批判的に文章を読む力もだんだんと身についていきます。

指導のポイント

本に「つっこみ」を入れる

本を読みはじめたのはいいものの、内容がよくわからず、しだいに眠くなってきて……、というような経験は、だれにでもあるのではないでしょうか？

そうなるもっとも大きな理由は、本を「受け身で」読んでいるということです。本を漫然と読んでいても、内容をうまくつかむことはできません。「これはほんとうかな？」「これはどういう意味だろうか？」「どうしてこういえるのかな？」などといったように、能動的に自分の思考を関わらせながら読み進める必要があります。いいかえれば、本に「つっこみ」を入れるような感じで読み進めるのです。

その際、漠然と「考えながら読みなさい」と指導せず、考え方のモデルを具体的に示す（99ページの ヒント参照）ことで、「考えながら読む」ということがどういうことか、イメージしやすくなります。単純に「なるほど！ これは知らなかった」「へえ、なるほど」などと思いながら読むだけでも、本の内容はかなりわかるようになります。

「つっこみカード」をつくって本にはさむ

「つっこみ文」を書き込んだカードをつくり、本にはさみながら読み進めると、考えながら積極的に読んでいくことができます。この本の最後に「つっこみカード」を付録しました。白紙のカードもつけましたので、自分なりの「つっこみ文」を書いて使いましょう。

慣れてくれば、つっこみカードがなくても、自分で考えながら本を読んでいくことができるようになります。また、もし自分の本であれば、重要な部分や疑問に感じた部分などに線を引き、つっこみ文を書き込みながら読むのもよいでしょう。

アドバイス

国語教育者の大村はま（1906～2005年）は、「てびきプリント」（大村はま『大村はま国語教室7』筑摩書房）を使って読書指導をしていました。

てびきプリントには、つぎのような項目が十数個書かれていました。

- これは問題だ、考えてみなければいけない
- これは面白いことだ、もっと調べたい
- ほんとうに？ それでは考えてみなければいけない
- これはおどろいた、どうしてだろう？
- これは信じられないことだ。もっと調べてみたい。
- こういう本があったら読みたい

批判的に本を読むといってもあまりかまえる必要はなく、このように具体的で明快な「考えるための型」を示すことで、能動的に本を読む姿勢が身についていくのです。

レッスン 14

「三角ロジック」で説明文を論理的に読む

文章を批判的に読むためには、内容を論理的に理解することが必要です。そのためにとても有効なのが「三角ロジック」という手法です。「三角ロジック」を使えば、文章のおかしなところを見抜けるようにもなります。

つぎの文章を読んで、以下の問いに答えてください。

毎月新聞

第5号
1999年（平成11年）3月17日（水曜日）発行

ブーム断固反対

僕は、この毎月新聞のテーマを、毎回担当の記者の方と話し合って決めることにしている。その話し合いの中で、昨年から書こう書こうとしていたテーマがひとつあり、既にそれはタイトルも決まっていた。それは「ブームになったら危険信号」というタイトルであった。

若者のほとんどを魅了したブランドが、ある日を境に見向きもされなくなる。それは何故か。一世を風靡《ふうび》したデザート菓子が、いつの間にか、話題にさえされなくなる。それは何故か。そしてブームのあとに残るあの寒々しい荒涼感はどこから来るのか。そういうことを警鐘として書きたかったのだ。

しかし、今や僕はこの「ブーム」についての客観的な警告ができない立場になってしまった。それは、僕があの「だんご3兄弟」の作者のひとりであるからだ。

ブームとは記号的な消費のかたち

だんご3兄弟は、「おかあさんといっしょ」という、教育テレビの限られた時間内に、限られた層に向けて流されることを想定して作られた歌であり、キャラクターである。その番組を見たお母さんや、子供たちの間で大人気となり、膨大な投書や問い合わせが、前例のないシングルCD化へと推し進めた。僕もここまではとても嬉しかった。

毎　月　新　聞

みんなの声で新しい流れを作ることができる。そんな希望に満ちた喜びを感じていたのも束の間、その後の騒ぎはみなさんもご存じかもしれない。今や、マスコミの話題は「大好きな歌」とか「楽しいアニメーション」といった内容から離れ、CDが何万枚売れた、とか、株価が何円上昇したとか、そんな話題へと移行してしまった。一種のブームの状態である。

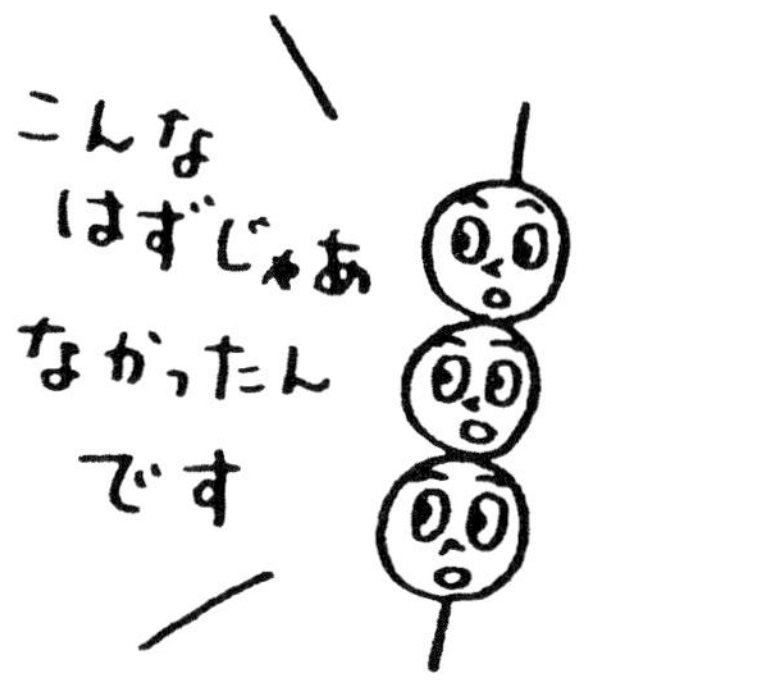

　そもそも、ブームとはどういう現象のことであろうか。個人が、ある商品を「必要」として買う。あるいは「好き」で買う。これはとても健全な消費の形である。だんご3兄弟も、初めのうちはそうであった。それに対し、ブームにおける消費は大分違ってくる。まわりの人が持っているから、マスコミがものすごく取り上げているから、といった理由が動機づけの多くの比重を占めてくる。いい換えれば、ブームとは扇情的な力による消費の爆発的拡大である。そのとき、個人個人は、その商品の本来の価値よりも、「その商品を手に入れるかどうか」が大きな価値基準となり、人々は手に入れることによってかなりの部分で満足させてしまう。

　ブームとは、そのように中身を置いてきぼりにしてしまう記号的な消費なのである。手に入れてしまえば、その商品に対して興味も愛着も続かない。だから寒寒《さむざむ》とした荒涼感が残るのである。

意味をとり戻すために

　僕が「ブームになったら危険信号」というタイトルで書こうとしたことは、今まで述べたようなブームに対しての分析と警告にとどまり、対処の仕方についてはまだ考慮中であった。それが未だこの毎月新聞に登場させていない一番の理由であった。しかし、今やそんな悠長なことはいっていられない。なぜなら、のんびりしていると僕たちの作り出した「だんご3兄弟」も、もしかしてブームのあとのあの荒野に放り出されるかもしれないのだ。

　ブームが記号的な消費の形であるなら、それに対抗するのは、そのものが生まれた本来の意味を、もう一度何らかの方法で取り戻すことなのかもしれない。だんご3兄弟は、番組の中で、子供とおかあさんのために生まれたのだ。少なくとも、そこでは、この騒ぎに関係なく、いつまでも楽しく歌い継がれていけたら、それでいいのだ。意味を取り戻す、それがこのブームというノーコントロールの怪物に対して、地道ながらも一番有効な療法なのかもしれない。

「ブーム断固反対」（佐藤雅彦『毎月新聞』毎日新聞社より）紙面再構成

課題1 「三角ロジック」の図を使って要約し、200字以内でまとめてください。

解答欄 三角ロジック

① 主張

② 理由づけ

なぜなら、

からだ。

③ 具体例

たとえば

ヒント

通常、説明文には「著者がもっともいいたいこと（＝①主張）」とその根拠が書かれています。どんな主張も明確な根拠がなければ論理性と説得力をもたないからです。

根拠はさらに「②理由づけ」と「③具体例」にわかれます。「主張」「理由づけ」「具体例」の3つの要素を合わせて「三角ロジック」といいます。「三角ロジック」を意識して読むことで、文章を論理的に読めます。

①主張

著者がもっとも強く主張していることを、タイトルをヒントにして、書きことばで簡潔にまとめます。

②理由づけ

著者は、なぜそのような主張をしているのでしょうか。著者は「ブーム」とは何だといっていますか。

③具体例

具体的にはどのようなことが起こっていますか。「だんご3兄弟」に起こったできごとをまとめます。

まとめ文

20字×10行

解答例

Wくん（中学３年生・男子）の解答

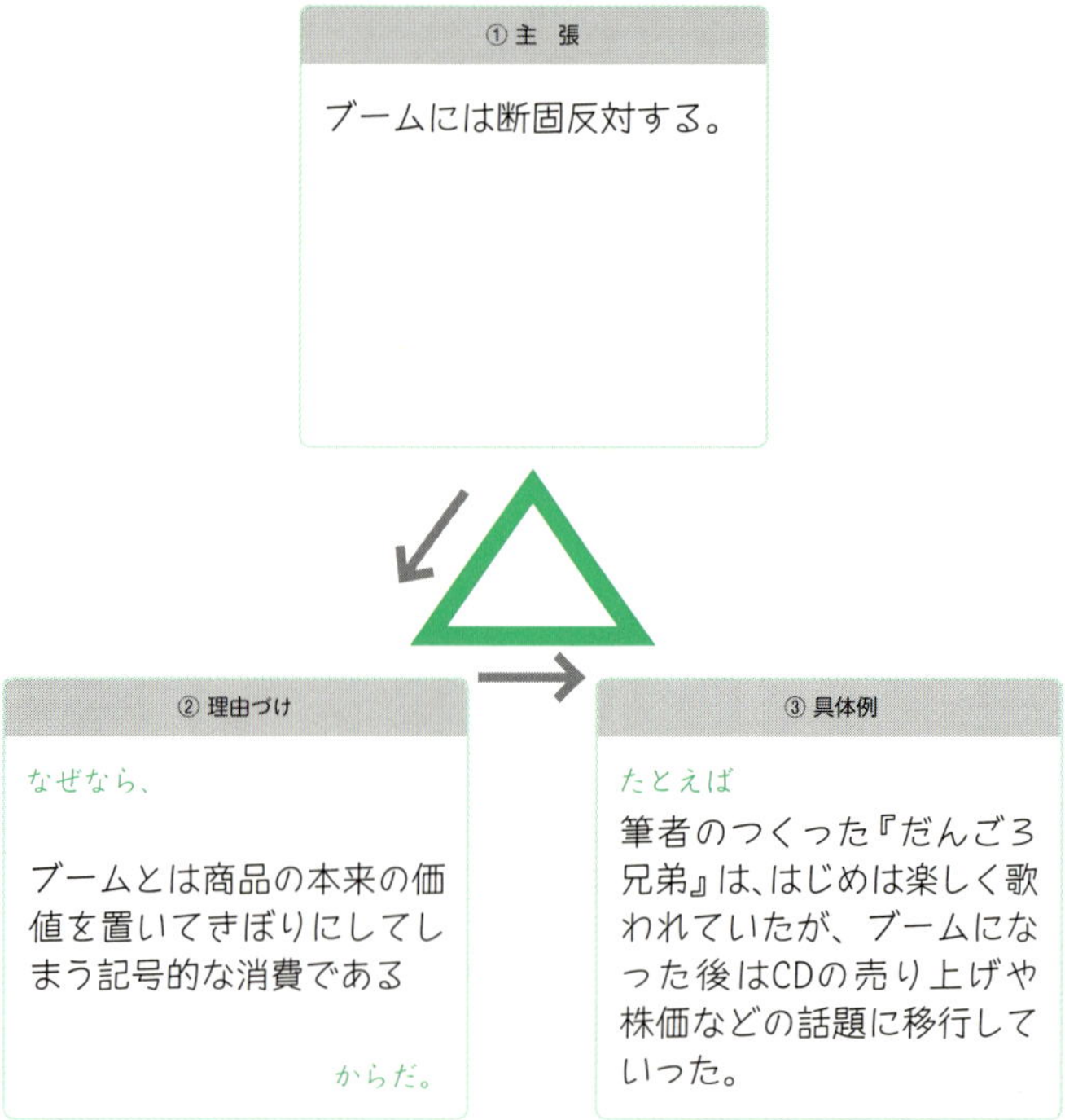

①主 張
ブームには断固反対する。
②理由づけ
なぜなら、
ブームとは商品の本来の価値を置いてきぼりにしてしまう記号的な消費である
からだ。
③具体例
たとえば
筆者のつくった『だんご３兄弟』は、はじめは楽しく歌われていたが、ブームになった後はCDの売り上げや株価などの話題に移行していった。

ブームには断固反対する。なぜなら、ブームとは商品の本来の価値を置いてきぼりにしてしまう記号的な消費であり、買った商品に対して興味も愛着も続かないからだ。たとえば、筆者の作った『だんご３兄弟』は、はじめはお母さんや子どもたちの間で楽しく歌われていたが、ブームになった後は、CDの売り上げや株価などの話題へと移行してしまった。

①主張　②理由づけ　③具体例

解説

「理由づけ→具体例」型の三角ロジック

課題１で読んだ文章は、「理由づけ」が「主張」の直接的な根拠になっています。「具体例」は、「理由づけ」を補強する役割を果たしています。この場合、「主張」→〈なぜなら〉「理由づけ」→〈たとえば〉「具体例」の順番でまとめます。

Wくんは、タイトルをヒントにして「ブームには断固反対する」という著者の主張をすぐに見抜くことができました。一方、「なぜブームに反対するのか」という理由をなかなか見つけることができませんでした。

しかし、指導者のアドバイスを参考にすることで、ブームの特徴とそのマイナス点を探り出し、最終的に右のような優れた要約文を完成させることができました。

つぎの文章を読んで、以下の問いに答えてください。

朝飯前

人間はいつからこんなに夜行性をつよめたのであろうか。もちろん昼間働くのが常態であるが、こと、知的活動になると、夜ときめてしまう。灯火親しむの候、などということばは、電灯などのない昔から、読書は夜するものという考えがあったことを示している。

そして、いつのまにか、夜の信仰とも言うべきものをつくりあげてしまった。現代の若ものも当然のように宵っ張りの朝寝坊になって、勉強は夜でなくてはできないものと、思いこんでいる。朝早く起きるなどと言えば、老人くさい、と笑われる始末である。

夜考えることと、朝考えることとは、同じ人間でも、かなり違っているのではないか、ということを何年か前に気づいた。朝の考えは夜の考えとはなぜ同じではないのか。考えてみると、おもしろい問題である。

夜、寝る前に書いた手紙を、朝、目をさましてから、読み返してみると、どうしてこんなことを書いてしまったのか、とわれながら不思議である。

外国で出た手紙の心得を書いた本に、感情的になって書いた手紙は、かならず、一晩そのままにしておいて、翌日、読みかえしてから投函せよ。一晩たってみると、そのまま出すのがためらわれることがすくなくない。そういう注意があった。現実的な知恵である。

それに、どうも朝の頭の方が、夜の頭よりも、優秀であるらしい。夜、さんざんてこずって、うまく行かなかった仕事があるとする。これはダメ。明日の朝にしよう、と思う。心のどこかで、「きょうできることをあすに延ばすな」ということわざが頭をかすめる。それをおさえて寝てしまう。

朝になって、もう一度、挑んでみる。すると、どうだ。ゆうべはあんなに手におえなかった問題が、するすると片づいてしまうではないか。昨夜のことがまるで夢のようである。

はじめのうちは、そういうことがあっても、偶然だと思っていた。夜の信者だったからであろう。やがて、これはおかしいと考えるようになった。偶然にしては同じことがあまりにも多すぎる。おそまきながら、朝と夜とでは、同じ人間でありながら、人が違うことを思い知らされたというわけである。

〝朝飯前〟ということばがある。手もとの辞書をひくと、「朝の食事をする前。『そんな事は朝飯前だ』(=朝食前にも出来るほど、簡単だ)」(『新明解国語辞典』)とある。いまの用法はこの通りだろうが、もとはすこし違っていたのではないか、と疑い出した。

簡単なことだから、朝飯前なのではなく、朝の食事の前にするために、本来は、決して簡単でもなんでもないことが、さっさとできてしまい、いかにも簡単そうに見える。知らない人間が、それを朝飯前と呼んだというのではあるまいか。どんなことでも、朝飯前にすれば、さっさと片付く。朝の頭はそれだけ能率がいい。

おもしろいことに、朝の頭は楽天的であるらしい。前の晩に仕上げた文章があって、とてもこれではいけない。明日になってもう一度、書き直しをしよう、などと思って寝る。一夜明けて、さっぱりした頭で読み返してみると、まんざらでもないという気がしてくる。これでよいことにしようと考えなおす。

感情的になって書いた手紙は、朝の頭で再考すると、落第するけれども、すべてを拒むわけではない。いいところがあれば、素直に認める大らかさもある。

そういうことが何度もあって、それまでの夜型の生活を朝型に切りかえることにした。四十歳くらいのときである。まだ、それほどの年ではないが、老人がたいてい、いつのまにか朝型になっている。あんな夜型だったのにと思う人までが、朝のうちでないと仕事ができないと言うのをきいたこともある。

朝の仕事が自然なのである。朝飯前の仕事こそ、本道を行くもので、夜、灯をつけてする仕事は自然にさからっているのだ。

若いうちこそ、粋がって、その無理をあえてする。また、それだけの体力もある。ところが年をとってくると、無理がきかなくなり、自然に帰る。朝早く目がさめて困るというようになる。

それで、まだそれほどの年でもないうちに、老人を見倣おうと思って、夜していた仕事を朝へまわすことにした。と言って、そんなに早起きのできるわけがない。ゆっくり起きるから、朝飯前の仕事などなかなか望むべくもない。これは何とかしなくてはいけないと考えた。

英雄的早起きはできないが、朝のうちに、できることなら、朝飯前になるべくたくさんのことをしてしまいたい。それにはどうしたらいいのか。答は簡単である。

朝食を抜けばいい。

八時におきて、八時半に食事をしていたのでは、朝飯前の仕事など絵にかいた餅。朝食をしなければ、八時におきて、すぐ、仕事を始められる。朝食抜きというのは当らない。ひるまでおくらせる。朝食と昼食とを同時にとると言った方がおだやかである。これが決して異常なことでないのはブランチ（brunch 昼食兼用のおそい朝食。breakfast + lunch）ということばがあるのでもわかる。

こうすれば、ひるまではすべて朝飯前の時間、そこですることはすべて、朝飯前ということになって、はなはだ都合がよろしい。

だいたい、胃袋に何か入れたあとすぐ、頭を使うのはよくない。消化のために血液がとられて、頭がぼーっとする。それが当たり前で、学校の生徒が、午後の授業で睡魔《すいま》に襲われるのは健康な証拠である。ああいう時間に勉強させようというのがそもそも間違っている。

猛獣の訓練をするのは、空腹のときに限るのだそうだ。腹がふくれたら、どんなことをしても動くものではない。動物は人間よりも自然の理に忠実なのである。人間は意志を働かせて、無理をする。眠くなっても眠るまいとする。

ときにはそういうことも必要であろうが、そうそういつもしていてはいけない。食後はゆっくり休む。そのかわり、食前はすべてを忘れて仕事に神経を集中させる。これには午前中をすべて朝飯前にするのがよろしい。八時に起きても四時間ある。その間に、その日の仕事をすませてしまう。

わたくしはそういうことを続けて、ほぼ二十年になる。

そのうちに、もうひとつの手を考えた。朝食兼昼食をゆっくりとると、そこで、ひと眠りする。外で用事のあるときは、そうも行かないが、一日自由になる日は、寝る。その辺でゴロ寝、というのではない。ふとんをしいて、本格的に寝てしまう。

やがて目がさめる。いったい、いまは何時だろう。ずいぶんけさは寝坊してしまって……と、一瞬、ひるさがりを朝と取り違えるようであれば、たいへん効果的である。それをもって、〝自分だけの朝〟とするのである。

顔を洗って、歯をみがく朝の儀式をすれば、陽がどの高さにあるかなど問題でなくなり、ここで新しい一日が始まる。しかし、〝朝食〟はとらない。夕方に〝朝食〟と夕食を兼ねたご馳走を食べる。それまでの時間はすべてこれ、朝飯前の時間である。こうすれば、一日に二度、朝飯前の時間ができる。つまり、一日が二日になる。実際、こうして、午後の三時か三時半ごろから、夕方の六時、七時までの時間も、かなりよく頭が働いてくれる。

ものを考えるのに、時間を選ぶことはないと思っている人がすくなくないけれども、ものを食べたあとがよろしくないのははっきりしている。体の疲れたときも適当でない。

だとすると、寝て疲れをとったあと、腹になにも入っていない、朝のうちが最高の時間であることは容易に理解される。

いかにして、朝飯前の時間を長くするか。

（外山滋比古『思考の整理学』ちくま文庫より「朝飯前」）

課題2

「三角ロジック」の図を使って要約し、200字以内でまとめてください。

解答欄

三角ロジック

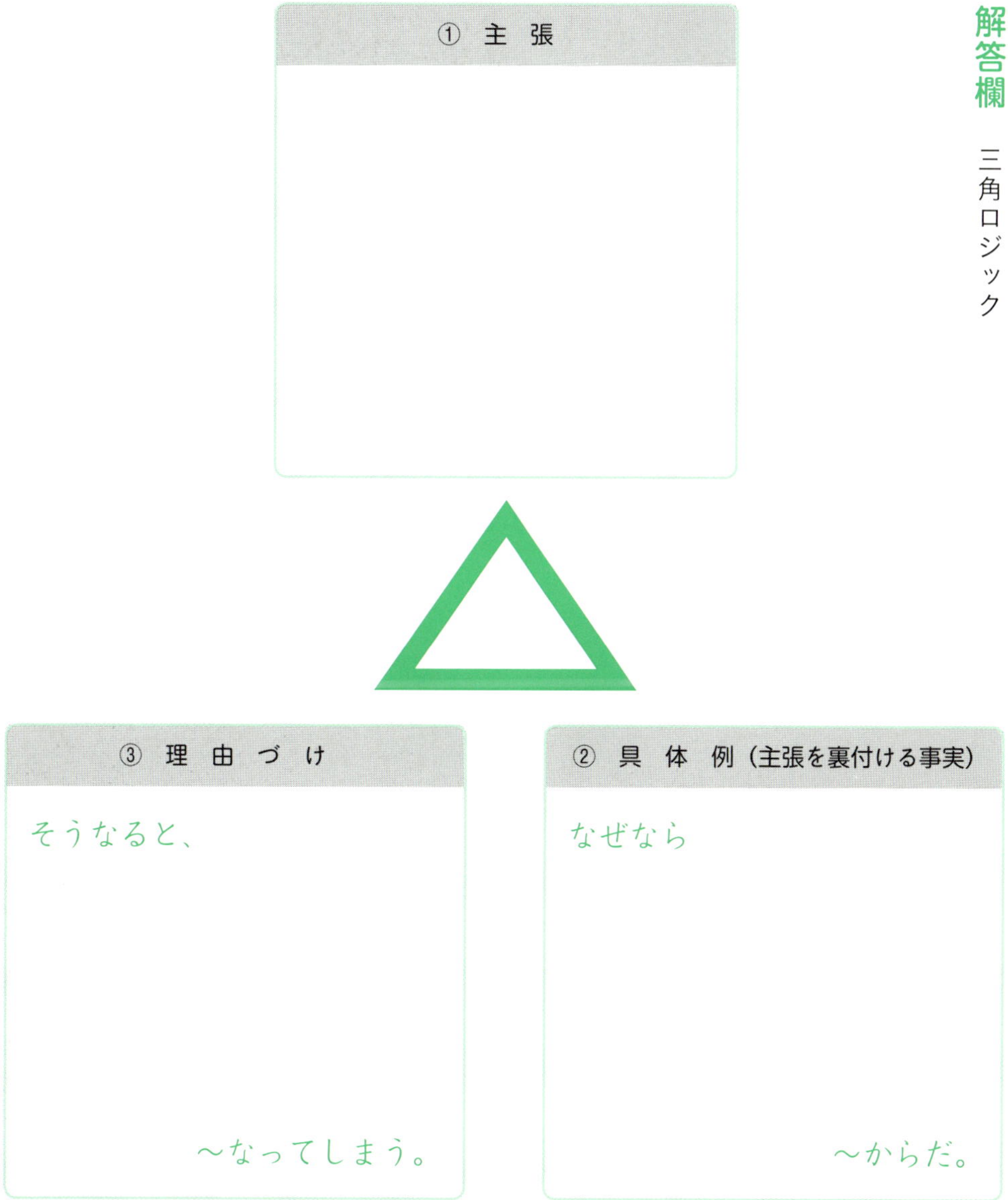

ヒント

①主張

著者はどのような生活をすべきだと提案していますか。タイトルもヒントにして、簡潔にまとめます。

②具体例（主張を裏づける事実）

「主張」の根拠になっている事実をまとめます。胃袋に何か入ったあとはどうなってしまうのでしょうか。

③理由づけ

「具体例」が、なぜ「主張」の根拠になるのでしょうか。消化のために血液が取られてしまうと、どうなってしまうのですか。

まとめ文

20字×10行

解答例 Wくん（中学3年生・男子）の解答

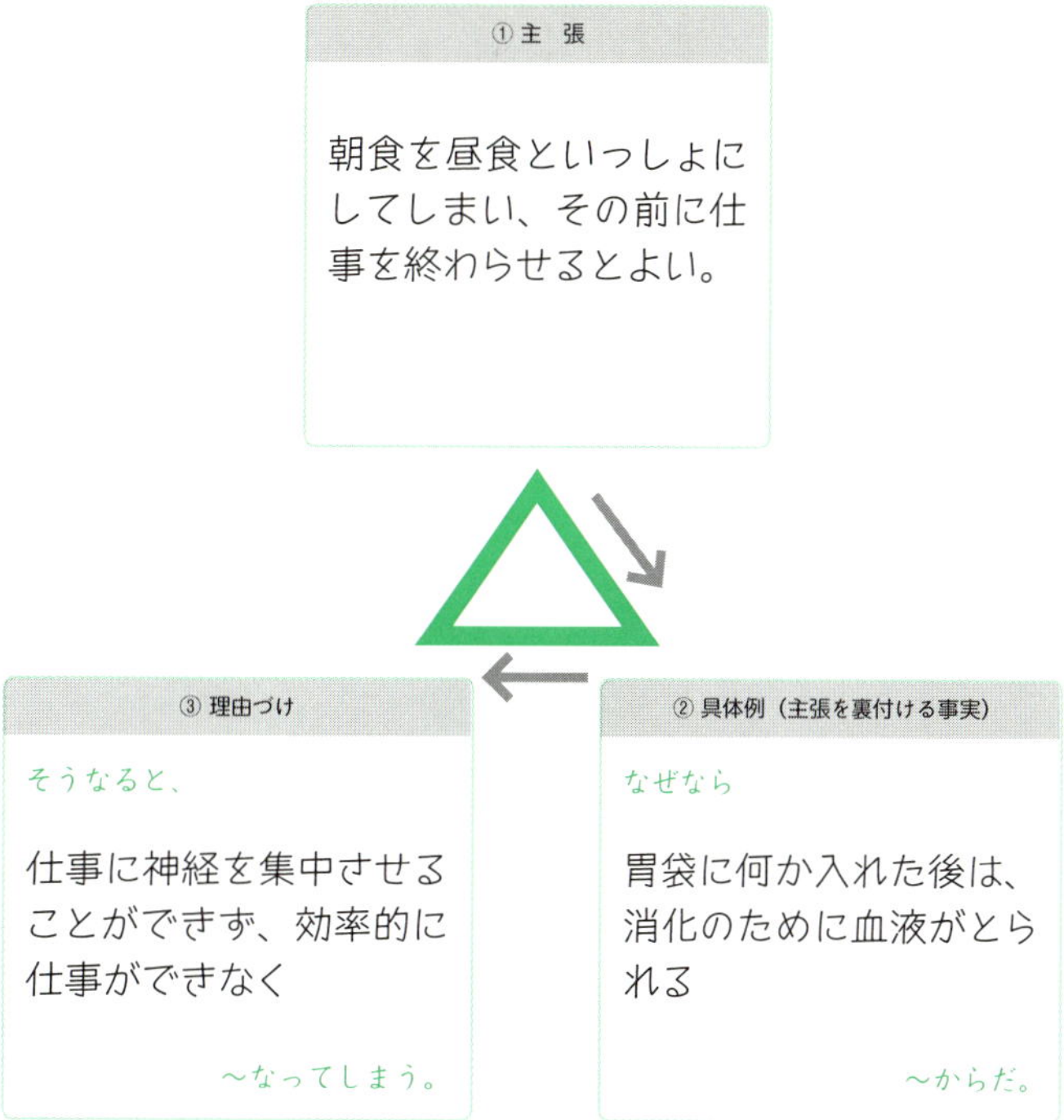
①主張
朝食を昼食といっしょにしてしまい、その前に仕事を終わらせるとよい。
②具体例（主張を裏付ける事実）
なぜなら
胃袋に何か入れた後は、消化のために血液がとられる
〜からだ。
③理由づけ
そうなると、
仕事に神経を集中させることができず、効率的に仕事ができなく
〜なってしまう。

朝食を昼食と一緒にしてしまい、その前に仕事を終わらせてしまうとよい。なぜなら、胃袋に何か入れたすぐ後は、消化のために血液がとられ、頭がぼーっとしてしまうからだ。そうなると、仕事に精神を集中させることができず、効率的に仕事ができなくなってしまう。

（①主張 ②具体例 ③理由づけ）

解説

「具体例→理由づけ」型の三角ロジック

課題2で読んだ文章は、「具体例」が「主張」の直接的な根拠になっています。この場合、「理由づけ」は、「具体例」がなぜ「主張」の根拠になるのかを補足的に説明する役割を果たしています。「主張」↓〈なぜなら〉「具体例」↓〈そうなると〉「理由づけ」の順番で書くと、わかりやすくまとめることができます。

例にあげた文章は比較的長く、主張、具体例、理由づけの3つの要素が読み取りづらくなっていますが、Wくんは、57〜59行目を筆者の「主張」とし、52〜54行目を「具体例（事実）」と「理由づけ」に整理することで、右のようなすっきりとした要約文をつくることができました。

指導のポイント

「三角ロジック」とは

「三角ロジック」は、ものごとを論理的に考えたり、理解したり、相手に伝えたりするための初歩的な手法です。ただ自分の「主張」を述べるだけでは何の説得力もありませんが、その「主張」を支える明確な「理由づけ」と「具体例」を加えると、その「主張」は格段に説得力を増し、論理的になります。

一般的には、「理由づけ」と「具体例」を合わせて「根拠」とされることが多く、ふたつを区別しにくいときもありますが、「理由づけ」はより抽象的な説明なのに対し、「具体例」はあくまで客観的で具体的な事例のことをいいます。

「三角ロジック」には、大きく分けてふたつの型があります。「理由づけ→具体例型」（課題1）と「具体例→理由づけ型」（課題2）です。どちらの型を使えばよいのか、さまざまな文章を読んで考えてみてください。

論理的でない文章を見抜く

三角ロジックを使えば、文章の内容を論理的に読み取ることができます。

なかには、著者の主張だけが述べられていて、明確な根拠の書かれていない「放言」ともいえる文章や、そもそも何が言いたいのか（主張）さえはっきりとわからない文章もあります。「三角ロジック」を使って文章をまとめることに慣れると、そのような論理的でない文章を見抜くこともできるようになります。

「三角ロジック」で自分の考えを主張する練習も

「三角ロジック」を使って文章の内容を読み取ることに慣れたら、それに対して自分はどう考えるかということを、やはり「三角ロジック」を使って表現する練習をさせます。そうすることで、自分自身の考えが明確になり、考えながら批判的に読む習慣と力が身につきます。

論理的・批判的に自分の考えを構築し、それを他者に向けて的確に表現することは、ＯＥＣＤ（経済協力開発機構）のＰＩＳＡ調査（国際的な生徒の学習到達度調査）で求められているような、国際標準のリテラシーとも共通します。また、三角ロジックを使って論理的に自分の考えを表現することは、議論やディベートなどの際にも大きく役に立ちます。

レッスン 15

「考えるシート」で分析する

説明文では、著者は主題についてのことがらをいいかえたり、ほかの何かと比較したり、具体例をあげたりしながら説明します。「考えるシート」を使って、それらを分析しながら読むと、さらに内容の理解が深まります。

つぎの文章を読み、以下の問題に答えてください。

「世界商品」とは

「世界商品」の意味は、毛織物と綿織物とをくらべるとよくわかります。一般に寒冷で、牧羊業のさかんだったヨーロッパでは、中世いらい毛織物がつくられていましたので、ヨーロッパ人が中国やインドなど、アジアやアフリカに来るようになったときにも、しきりにこれを売りつけようとしました。そもそもヨーロッパ人が外の世界に探検に出かけたのも、ひとつにはヨーロッパで売れ行きの伸びない毛織物の市場を求めてのことだったのです。

しかし、むし暑いインドやアフリカでは、分厚い毛織物などは、ほとんど受け容れられませんでした。これに対して、薄くて、洗濯がしやすく、鮮やかな色のプリントができる綿織物は、もともとアジア、とくにインドが生産の中心でしたが、アフリカやヨーロッパにもたいへん好まれました。つまり、ヨーロッパにしか通用しなかった毛織物とちがって、綿織物は「世界商品」だったのです。

むろん、「世界商品」は、食べ物や衣料には限られてはいません。こんにちでいえば、石油やテレビや自動車も典型的な「世界商品」なのです。いいかえると、それはアフリカの奥地でも、ヒマラヤでも使われているような商品のことです。

　むろん、「世界商品」となった重要な商品――英語では「ステイプル」といいます――を独り占めにできれば、大きな利益があげられることはまちがいありません。ですから、一六世紀いらいの世界の歴史は、そのときどきの「世界商品」をどの国が握るか、という競争の歴史として展開してきたのです。

　しかも、いまでは自動車やテレビのような工業製品や石油なども重要ですが、もともとこうした「世界商品」は、アジアやアフリカ、アメリカの鉱山や農場でとれる生産物が多かったということができます。こんにちの中南米や日本でとれた銀や、タバコや香料、染料、茶、コーヒー、ゴムなどです。生活文化の基本をなす植物や動物、その工芸製品などは、気候や土壌の条件からしても、アジアやアフリカ、アメリカのほうが、種類も量もはるかに豊かだったということができます。そのために、とくにヨーロッパ諸国は、これらアジアやアフリカの土地を、自国の植民地として囲い込み、外国の勢力を排除することになったのです。

奴隷貿易を生み出した砂糖

　そういうわけで、歴史を動かしてきた「世界商品」のもっとも初期の例が、ほかでもない砂糖でした。ですから、一六世紀から一九世紀にかけて、世界じゅうの政治家や実業家は、砂糖の生産をいかにして握るか、その流通ルートをどのようにして押さえるか、といった問題に知恵をしぼってきたのです。

　ブラジルやカリブ海の島々には、砂糖生産のために、プランテーションとよばれる大農園がつくられました。プランテーションでは、砂糖きびの栽培とその加工ばかりに努力を集中し、それ以外の活動はいっさい顧みられませんでした。たとえば、穀物のような基本的な食糧でさえも輸入に頼り、ひたすら砂糖きびの栽培に集中していったのです。

こうしたプランテーションには、ヨーロッパ諸国の資本、なかでもイギリスの資本が、注ぎこまれ、数千万人のアフリカの黒人が、ここにつれてこられたうえ、奴隷として強制的に働かされていました。白人の労働者を使うことも考えられましたが、安上がりに大量の労働力を得る方法として、アフリカ人をつれてくることが考えられたのです。こうした奴隷貿易は、連行されて奴隷とされた人びとだけでなく、当然、もとのアフリカの社会にも大きなつめあとを残しましたが、その話はのちにのべることにしましょう。

ちなみに、やがて、アメリカ合衆国の南部では、もうひとつの「世界商品」となった綿織物の原料をイギリスに提供するために、綿花栽培のためのプランテーションが、やはりアフリカ人奴隷を労働力としてひろがることになります。あなたがたは、こんにちアメリカ合衆国はもとよりカリブ海の島々やイギリスにも、多くのアフリカ系の人びとが住んでいるのはなぜか、考えたことがあるでしょうか。それは、このように、ヨーロッパとアジア・アフリカ・アメリカとの関係の長い歴史があってのことなのです。

こうして、砂糖や綿織物のような「世界商品」は、地球上の人間の配置をすら変えてしまいました。ダイエットの流行で、砂糖がむしろ警戒の目をもってみられ、ナイロンやビニールにはじまる化学繊維の登場で、綿織物がもはやそれほど重要ではなくなったいまでも、それらの影響はつよく残っているのです。

砂糖や綿織物の歴史をみることは、近代の世界だけでなく、現代の世界を知るうえでもきわめて大切だというのは、このような意味からなのです。

薬か食糧か

ところで「世界商品」となった砂糖は、いったい何に使われたのでしょうか。砂糖は、そもそも食品だったのでしょうか。食品であったとしても、カロリー源としての「食糧」だったのでしょうか、それとも、たんなる調味料だったのでしょうか。

じっさいのところ、砂糖には、驚くほど多くの用途や「意味」がありました。ルネサンス以前の世界では、イスラムの科学の水準がヨーロッパのそれなどよりはるかに高かったのですが、そのイスラムの医学では、砂糖はもっともよく使われる薬のひとつでした。中世のヨーロッパでも、事情は同じです。砂糖が本格的に使われはじめた一六、一七世紀には、砂糖には、結核の治療など一〇種類以上の効能が期待されていました。

砂糖はむろん、アジアから輸入されたコショウや香料などと同じで、よほど高級な調味料でもありました。しかし、砂糖、とくに白砂糖には、何か特別に神秘的な意味があるともみなされ、しばしば、精巧な細工ものとして、国王や貴族のパーティーや儀礼にも用いられました。いまの結婚式で使われるウェディング・ケーキもその名残《なご》りだという考え方もあります。砂糖が元来はひどく高価なものであったことも、それが神々《こうごう》しくみえ、権威の象徴のようにみえた理由のひとつでしょう。

しかし、砂糖の神秘性の最大の理由は、やはり、純白というその色にあったと思われます。日本人が、浄《きよ》めの儀式にしばしば塩を用いてきた——力士が土俵で塩をまくのも同じ——のも、似たような事情からでしょう。純白という色に何か特別の意味を感じるのは、理由はよくわかりませんが、日本人だけでもないようなのです。

食品になった砂糖

とはいえ、砂糖が大量生産・大量消費の対象となっていったのは、こうした用途のためではありません。そもそも、砂糖が薬と考えられたのも、とくに神秘的なものとみられたりしたのも、その供給量が少なくて、めずらしく、高価なものだったからこそなのです。

ところが、一六世紀いらい、とくに一七世紀中ごろ以後、砂糖の意味や用途は一変してしまいます。つまり、ごく一部の上流階級の食事の調味料のほか、薬品や儀礼用として用いられていた砂糖が、カロリー源になっていったのです。もっとも、一般の食品となってからも、砂糖の用いられ方にはさまざまな特徴がありました。とくに、お茶やコーヒーと結びつくことで、イギリス人の社交の媒介となった時期から、庶民の朝食となって文字通りのカロリー源となった時代へと、その「意味」はかなり変化していきましたが、そのことについては、この本のあとのほうで、もう一度戻ることにしましょう。

（川北稔『砂糖の世界史』岩波ジュニア新書より4～10ページ）

課題1

主題についてどのように書かれているか、「考えるシート」を使って分析しながら、300字程度でまとめてください。

解答欄

考えるシート

テーマ	
名前	
①いいかえる	⑦思い・感情
②整理し、分類する	⑧疑う
③比べる	⑨サングラスを意識する

ヒント

①いいかえる
「世界商品」がいいかえられたり、定義されたりしていないか探します。

②整理し、分類する
「世界商品」がわかりやすく整理・分類されている部分を探して、まとめます。

③比べる
「世界商品」がほかの何かと比較されていないか探します。また、そのふたつのどこが同じでどこが違うかまとめます。

④具体的には？ 抽象的には？
「世界商品」について、具体例を挙げながら説明しているところがないか探します。反対に、抽象的・一般的に説明していないかも探します。

⑤ひらめく
「世界商品」というテーマから離れて、何か新しい話題が書かれていないか探します。

⑥たとえる
「世界商品」が何か別のものにたと

④具体的には？　抽象的には？	⑤ひらめく	⑥たとえる
⑩「もしも」と仮定する	⑪逆にする	⑫全体と部分

えられていないか探します。

⑦思い・感情

「世界商品」に対して、著者はどんな思いを抱いているでしょうか。

⑧疑う

「なぜ〜だろうか？」「ほんとうに〜だろうか？」など「世界商品」に関して疑問を示していないか探します。

⑨サングラスを意識する

「世界商品」に関する思い込みや先入観（＝サングラス）について書かれた部分がないか探します。

⑩「もしも」と仮定する

「世界商品」に関して、「もしも〜だったら」「もしも〜でなかったら」などと仮定していないか、探します。

⑪逆にする

「世界商品」について、発想を逆さにして書かれている部分がないか探します。

⑫全体と部分

「世界商品」について、もっと大きな何かから考えたり、反対に、さらに細かくわけたりしていないか、探します。

まとめ文

25字×12行

解答例

Kくん（中学3年生・男子）の書き込み

考えるシート　テーマ　世界商品　名前　K

①いいかえる 世界商品＝アフリカの奥地でもヒマラヤでも使われている商品のこと	⑦思い・感情 多くの人は、純白の砂糖に特別の意味を感じている。
②整理し、分類する 世界商品…・食べ物 ・衣料 ・石油・テレビ・自動車など	⑧うたがう ・なぜアメリカ、イギリスなどに多くのアフリカ人が住んでいるのか？ ・世界商品となった砂糖は何に使われたのか？
③比べる ・毛織物…分厚いため、むし暑い所では受けいれられなかった ・綿織物…うすくて洗濯しやすく、世界商品となれた	⑨サングラスを意識する
④具体的には？　抽象的には？ 歴史を動かしてきた世界商品のもっとも初期の例が、砂糖だった。	⑩「もしも」と仮定する もしも世界商品を独り占めできれば、大きな利益が上げられる。
⑤ひらめく	⑪逆にする
⑥たとえる	⑫全体と部分 16世紀以来の世界の歴史は、その時々の世界商品をどの国がにぎるかという競争の歴史だった。

解説

Kくんは「考えるシート」から8つの項目を使って著者の考えをまとめ、分析しました。

①いいかえる…世界商品とはどういったものなのか、明確な定義が書かれてあるわけではありませんが、Kくんは12行目〜13行目を参考にして、「アフリカの奥地でもヒマラヤでも使われている商品」であるとまとめました。

②整理し、分類する…11行目〜12行目を参考にして、世界商品を大きくわけて3つに整理・分類しました。

③比べる…7行目〜10行目を参考に、毛織物と綿織物の違いについて比較しました。

④具体的には？　抽象的には？…文中には世界商品の具体例がたくさん書かれています。Kくんは、歴史を動かしてきた世界商品のもっとも初期の例として、「砂糖」を記入しました。

⑦思い・感情…60行目を参考にして、多くの人が純白の砂糖に抱く感情をまとめました。

⑧うたがう…40行目〜41行目と、51行目〜53行目に書かれたふたつの疑問についてまとめました。

⑩「もしも」と仮定する…14行目〜15行目を参考にして、「もしも世界商品を独り占めにできれば」ということをまとめました。

⑫全体と部分…人類の歴史という「全体」のなかで、16世紀以来の歴史（部分）がどのような歴史だったのかについてまとめました。

まとめ文の例

Kくん（中学3年生・男子）のまとめ文

「世界商品」とは、アフリカの奥地でも、ヒマラヤでも使われているような商品のことである。世界商品には、食べ物、衣料のほかにも、石油、テレビ、自動車などさまざまなものがある。もしもそのような世界商品を独り占めできれば大きな利益を上げることができるため、16世紀以来の世界の歴史は、その時々の世界商品をどの国がにぎるのかという競争の歴史として展開してきた。

そのような歴史を動かしてきた世界商品の中でも、もっとも初期の例が、砂糖だったのである。多くの人は、純白の砂糖に特別の意味を感じていて、世界商品となった砂糖は、食品としてだけでなく、薬や儀礼的なものとしても使われるようになった。

解説

「考えるシート」は、考えるためのさまざまな方法を一枚の表にまとめたものです。「考えるシート」に書き込むことで、著者がどのように説明を展開しているのかがひと目でわかります。さらに、各項目に書き入れたことを、話の流れに注意しながらつなげることで、かんたんに要約文を書くことができます。

Kくんは、「考えるシート」に書き入れた8つの項目のうち使いやすいものを並びかえて、上のような要約文を完成させることができました。

基本的にはもとの文章とほぼ同じ説明の順番でまとめましたが、世界商品について全般的に説明した段落と、世界商品の具体例である砂糖について説明した段落のふたつにわけてまとめたため、非常にわかりやすい要約文を書くことができています。

指導のポイント

すべての項目を埋めなくてもよい

「考えるシート」を使えば、著者が主題に対してどのような考えをもっているのか、だれの目にも見える形でまとめることができます。ただし、このシートは、すべての項目を埋めることが目的ではなく、あくまで文章の内容を整理したり、著者の考えを分析したりするための補助的なツールとして使うことが大切です。

文中でとくに述べられていない項目があれば、空欄のままでかまいません。本の内容に合わせて、子どもの書きやすいところから埋めさせます。

文章を批判的に読む力をつける

「考えるシート」を使って本の主題を分析することに慣れてくると、だんだんとシートがなくても、頭のなかだけでしっかりと著者の主張を整理し、分析することができるようになります。そうなれば、さまざまな文章を批判的に読みこなす力も身についていきます。

アドバイス

「考えるシート」の⑨にある「サングラス」とは、心理学の分野では「スキーマ」ということばで説明されています。

スキーマとは、わたしたちの知識や経験によってつくられている、身のまわりの世界を解釈するための枠組みのことです。スキーマがあることで、わたしたちは他者の発することばや、本に書かれた内容をスムーズに理解することができます。

とはいえ、このスキーマが強すぎると、ものごとにはさまざまな見方があるという柔軟な発想が失われてしまいます。さらに、激しい思い込みや特定の人への差別、根拠のない決めつけや偏見へとつながってしまう恐れもあります。

柔軟で偏りのない思考のためには、スキーマを不必要なものとして捨て去ってしまうのではなく、自分がスキーマを通してものを見ているということに意識的になる必要があります。

ハイレベル読書期ですすめたい本

1 その分野のあらましが分かりやすく書かれた入門書

子どもがハイレベル読書に挑戦するとき、はじめから専門的すぎる本や難解な内容の本を薦めると、学ぼうとする意欲がなくなってしまいます。

はじめは、子どもが知りたいと思う分野のあらましが平易な文体で書かれていて、その分野の入り口となる入門書を薦めるのがよいでしょう。図表やイラスト、写真などが豊富であったり、物語形式で書かれてあったりすれば、さらに読みやすくなります。

「岩波ジュニア新書」や「ちくまプリマー新書」などに、中高生にも読みやすい良質の入門書が数多くあります。まずはそうした本をすすめます。

2 知的刺激にあふれ、学問の楽しさが味わえる本

生徒が知りたい分野のあらましが書かれていたとしても、すでに明らかになっていることが羅列されているだけの教科書のような本は、子どもにとっても退屈です。それでは、子どもの「学びたい」という意欲を喚起することはできません。

「発見のおどろき」に満ちていて、読む人に知的な興奮を起こすものが良質の入門書であるといえます。何かを解き明かそうとしてきた人たちの驚きや感動を感じることができ、読む人もその分野のなぞを考える楽しさが味わえる、知的刺激に満ちた本をぜひ読んでもらいたいものです。

3 かんたんには答えの出ない問題、そもそも一つの答えがない問題について書かれた本

これまで当たり前だと思っていたことを、もう一度疑ってみる姿勢を身につけてもらう意味でも、かんたんには答えの出ない問題、そもそも唯一の正解などない問題について考えるきっかけを与えてくれる本を、ぜひ読んでもらいたいものです。

「自分とは何か?」「なぜ生きるのか?」などといった哲学的な問いや、社会、自然、戦争などに関する根源的な問題を考えることで、子どもの「世界の見方」もきっと変わってくるでしょう。

おすすめの本

『われわれはどこへ行くのか?』
松井孝典著/ちくまプリマー新書

『おはようからおやすみまでの科学』
佐倉統＋古田ゆかり著/ちくまプリマー新書

『からだは星からできている』
佐治晴夫著/春秋社

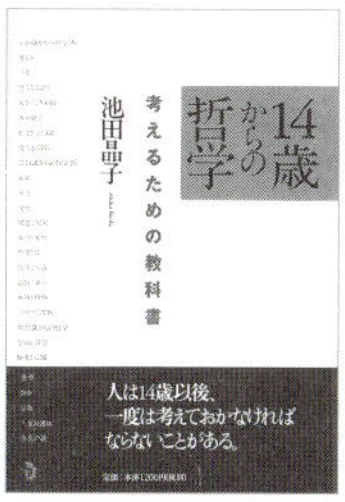

『14歳からの哲学』
池田晶子著/トランスビュー

『世界のたね』
アイリック・ニュート著/猪苗代英徳訳/NHK出版

『ものがたり宗教史』
浅野典夫著/ちくまプリマー新書

『素数ゼミの謎』
吉村仁著/石森愛彦絵/文藝春秋

『砂糖の世界史』
川北稔著/岩波ジュニア新書

『いじめを考える』
なだいなだ著/岩波ジュニア新書

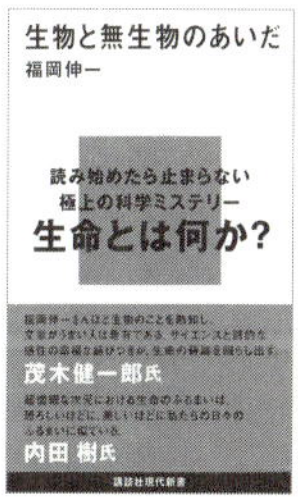

『生物と無生物のあいだ』
福岡伸一著/講談社現代新書

『トットちゃんとトットちゃんたち』
黒柳徹子作/田沼武能写真/講談社青い鳥文庫

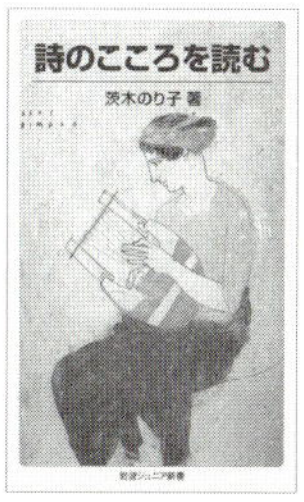

『詩のこころを読む』
茨木のり子著/岩波ジュニア新書

『ルールはなぜあるのだろう』
大村敦志著/岩波ジュニア新書

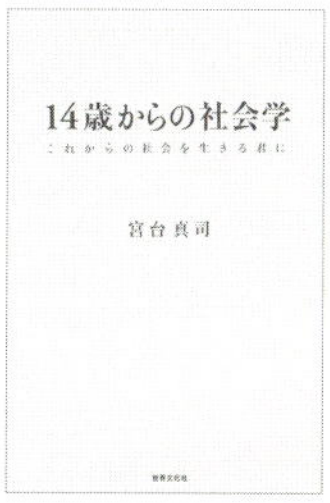

『14歳からの社会学』
宮台真司著/世界文化社

『4コマ哲学教室』
南部ヤスヒロ文/相原コージ漫画/イースト・プレス

『眠れなくなる宇宙のはなし』
佐藤勝彦著/宝島社

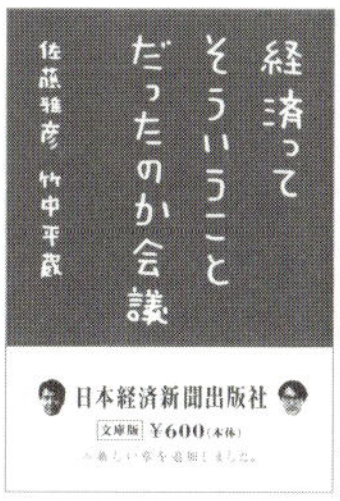

『経済ってそういうことだったのか会議』
佐藤雅彦＋竹中平蔵著/日経ビジネス人文庫

『おもしろくても理科』
清水義範著/西原理恵子絵/講談社文庫

『算法少女』
遠藤寛子著/ちくま学芸文庫

『99・9%は仮説』
竹内薫著/光文社新書

ハイレベル読書に必要な環境づくり

「問い」のもととなる〝種〟をまく

ハイレベル読書では、子どもが自分なりの興味や関心に基づいて自分で「問い」を立て、「問い」の解決に役立ちそうな本や文章をたくさん読みます。ただし、「問いを立てる」といっても、何もないところから「問い」が生まれることはありません。

ですから指導者は、その「問い」のもととなるような、たくさんの〝種〟をまいてやることが必要です。〝種〟とは、子どもが何かに興味をもつための引き金となるもののことです。

ハイレベル読書で読む、さまざまな分野の説明的文章は格好の〝種〟です。しかし、説明的文章は、むずかしいものが多いため、はじめのうちは、わかりやすく、かつその分野を学ぶおもしろさが味わえるような「入門書」を読みます。

さらに、本だけでなく、実際に体験することも〝種〟となります。ある生徒は、家でコメを栽培したことから農業に関心を持ち、「現在の日本の農業にはどのような問題点があるのか」という「問い」を立てて論文づくりにチャレンジしました。

あえて「葛藤」させる

イギリスの認知心理学者バーライン（1924〜1976年）は、人の知的好奇心を喚起させるには、適度な「概念的葛藤」が必要であると述べています。

たとえば、あることについてすでにもっている知識と、新しく入ってきた情報とが、内容的にまったく違っていたり、矛盾していたりするとき、わたしたちは疑問やおどろきを感じます。

この疑問やおどろきが「概念的葛藤」であり、知的好奇心のもとになります。そして知的好奇心を感じることで、人ははじめて深く考えたり、調べたりして、それを解消しようと自分なりの「問い」を立てるのです。

したがって、指導する大人は、ただ〝種〟をまくだけでなく、それについての対立する意見、矛盾している説明、まだ解決していない問題などを同時に示すことで、子どもの「これは何だろう?」「よし、考えてみよう！」というモチベーションを引き出すことが必要です。

反対に、あまりにも整った学問体系を教えるだけでは、自分で疑問を感じる余地がないため、子どもはものごとを自力で考えようとして、自発的にさまざまな本を読んだりすることができません。

「いまでもよくわかっていない問題がある」「反対の意見をいっている人もいる」「〇〇〇な考え方もあるのではないか」などと、子どもをあえて葛藤させることで彼らの知的好奇心を刺激し、考えるきっかけづくりをすることが必要なのです。

さまざまなことがらについて話し合う

家族や友だちと、かんたんには答えの出ない問題、そもそも答えがない問題を話し合う時間をもつことも大切です。ほかの人の意見を知ることで、多様な考え方があるということを知ることができると同時に、自分の考えが明確になっていきます。また、独りよがりな考えに陥ることもなくなります。

ある生徒は、延命治療を扱ったドキュメント番組を家族で見て話し合ったことがきっかけとなり、「終末期医療に対する考え方の移り変わり」について解説するレポートを作成しました。

このように、きちんと向き合って、だれかと対話できる場があることが、生徒の積極的な学びにつながり、考えることの楽しさを実感させることにつながるのです。

第4章

リテラシー能力の幹を育てる「考える教室」読書

「考える教室」読書で身につく力

- 作品をさまざまな視点から深く読み取る力
- 世界のできごとを広く読み取る力
- 作品の世界と現実の世界をつなげて考える力

母語の読み書き能力を育てる「考える教室」読書

近年、情報リテラシー、メディアリテラシー、金融リテラシーなど、「〇〇リテラシー」ということばを耳にする機会が増え、子どもだけでなく、大人もそうしたリテラシー力を身につけることの必要性が語られるようになりました。

リテラシーとは、もともと文字を読み書きできること（＝識字力）を意味しますが、いまでは、情報、メディア、金融などのことばをつけ加えて、その分野についての知識を持ち、それを自在に操ることができる能力とすることが多くなっています。

さまざまなリテラシーや、リテラシー教育が語られている背景には、社会で必要とされる能力がどんどん複雑化、高度化している、現代の変化の激しさがあります。しかし、多様な分野にわかれたリテラシー力とは、木にたとえれば、あくまで枝葉の部分に過ぎません。それを支える幹こそを育てなければなりません。なぜなら、いくら枝葉を伸ばそうとしても、幹がぐらぐらしていては、枝葉は思うように伸びないからです。反対に幹さえしっかりしていれば、枝葉はいつでも伸ばすことができます。

その幹にあたるのが、母語を読みこなし書きこなす力です。

「考える教室」読書の目的は、その幹をしっかりと育てることです。

状況が刻々と変化するなかで、何が本質的なことなのかを見極めるには、高度な母語の読み書き能力が必要だからです。

読みの対象を広げつつ、自分なりの視点を確立する

読書というと、小説やエッセイを連想しがちですが、「考える教室」読書においては、自然科学や社会科学の本も大切な読書の素材となります。さらに、「考える教室」読書におけ

る読みの対象は、活字だけにとどまらず、いろいろなデータやグラフ、図解イラスト、写真はもちろん、最終的には現実社会で起こっていることそれ自体にまで広がります。

また、国際社会で現在起きている問題を扱った新書や、ジャーナルなども教材として取り上げます。少し前までは、社会といえばまずは日本の社会を指していましたが、いまでは国際社会を指すことの方が多くなりました。つまり、自分たちの日々の暮らしを国際社会の視点から読む力も求められるのです。

一方、変化に対応しているだけでは、自分の立ち位置を見失ってしまいます。世界を読み解くための自分なりの視点を確立することが求められます。「考える教室」読書では、読むことと並行して、自分の意見を記述することを通して、腰のすわった読書をしていきます。

長期的な展望で読書力を鍛える

「考える教室」読書では、プライマリー読書からはじめて、スタンダード読書、ハイレベル読書に至るまでに積み重ねてきた力を活かしながら、現実と向き合う読解力の養成を目指します。小学生のときに読んだファンタジーを、違う視点から何度も読み返すのも、そのため有効な方法のひとつです。

ファンタジーのような物語世界を読み解く力と、数字やグラフを読み解く力は別々の能力（＝リテラシー）のように感じるかもしれません。しかし、これらのリテラシーは、じつは同じ幹、すなわち、母語を読みこなし書きこなす力から生まれた能力です。

「考える教室」読書を効果的なものにするためには、これまでに積み上げてきた読書力を幹にして、いかに現実社会を生きるためのリテラシーへとつなげていくかという、長期的な目配りが必要なのです。

レッスン16

ミヒャエル・エンデ『モモ』を再読する

「考える教室」読書では、それまでに積み上げてきた読書力を、現実世界のできごとを読み取る能力へと発展させていきます。そのための方法として、小学生のときに読んだ物語を違う視点から読み直すことが有効です。

モモへの手紙……久しぶりに『モモ』を読んで

大好きなモモへ

ねえモモ、私がモモに初めて出会ったのは小学校4年生の時だったよね。

あのころ、私は自分の町に灰色の時間泥棒なんて一人も見つけられなかったよ。

私、抱えきれないほどの時間の花を持っていたんだね。

モモ、実はね、このまえ私、疲れて部活を休んじゃった。その日は天気がすごく良かったから久しぶりに公園に行ったの。そしたらびっくり！　知らないうちに公園の木にサルスベリの花が咲いていたり、公園の裏の家が建て変わっていたり。私、いつもの場所のそんな変化、全然目に入っていなかった。悲しくなっちゃった。私、いつのまにか灰色の男たちにずいぶん時間を預けていたみたい。私、こんなときあなたがいたらいいなって思うよ。それだけで私、いろんな大切なこと思い出せそうな気がするの。

今日、久しぶりにモモに会えてとてもうれしい。私、モモに会うといつも視界が広がるような気持ちになるよ。笑っていたいって思うよ。私、少しだけだけど時間の花びらを取り戻せたのかもしれない。きっとまた、会いにいくね。

A・Kより

ファンタジーは内面の変化を映し出す鏡

この作文は、小学校4年生のときにはじめて『モモ』を読んだ女子生徒が、中学生になってから、物語の主人公モモのことを思い出して書いた手紙です。この手紙は、思うように作文を書き出せずにいた生徒に、モモに手紙を出すつもりで書きはじめるようにアドバイスしたことで生まれたものです。この手紙を読むと、当時は気づけなかった大切な何かに、彼女が気づきはじめていることがうかがわれます。

『モモ』における時間

『モモ』とは、ドイツのファンタジー作家ミヒャエル・エンデの代表作のひとつで、ファンタジーの傑作です。手紙のなかの「灰色の男たち」とは、『モモ』に登場する時間泥棒のことです。

時間泥棒は、人間の時間に対する無知をよく知っていて、いつの間にか人びとの生活に侵入してきます。かれらは町の大人たちに、時間を節約して時間銀行に貯蓄するようにとことば巧みにせまります。そしてかれらの誘いに乗って時間銀行に時間を貯蓄してしまった大人たちは、しだいにゆとりを失い、おこりっぽい、おちつきのない人びとに変わっていきます。

読み手の子どもは、その事態が何を表しているのかよく理解できないまでも、何かたいへんなことが起きていることは感じ取ります。ハラハラしながら物語を読み進めていると、つぎのような文章に出くわします。

> 時間をケチケチすることで、ほんとうはぜんぜんべつのなにかをケチケチしているということには、だれひとり気がついていないようでした。じぶんたちの生活が日ごとにまずしくなり、日ごとに画一的《かくいってき》になり、日ごとに冷《つめ》たくなっていることを、だれひとりみとめようとはしませんでした。
>
> でも、それをはっきり感じはじめていたのは、子どもたちでした。というのは、子どもにかまってくれる時間のあるおとなが、もうひとりもいなくなってしまったからです。

けれど時間とは、生きるということ、そのものなのです。そして人のいのちは心を住みかとしているのです。

人間が時間を節約《せつやく》すればするほど、生活はやせほそっていくのです。

（ミヒャエル・エンデ『モモ』岩波書店より）

「時間」は『モモ』を理解する上で非常に重要なキーワードです。時間はとても身近なテーマですが、科学がこれだけ発達している現代においても時間のなぞは完全には解明されていません。また、時間は、現代社会が抱えるさまざまな問題の深層と複雑にからみ合っているにもかかわらず、わたしたちがそのことについて深く思いをめぐらせることはほとんどありません。

『モモ』のなかで、こうした大人たちの矛盾に気づいているのは子どもたちです。まだまだなぞの多い「時間」というテーマを扱っているために、『モモ』という作品は、読み返すたびに新鮮な気づきを読み手にもたらしてくれるのです。そのような意味で、『モモ』は子どもが成長する過程で、何度も読み返される価値があります。

中学生からの物語とのつきあい方

中学生になると、それまでとは読書に対するスタンスが自ずと変わってきます。小学生のときは物語の世界に飛び込み、作品に没頭して読書をしていたのに対し、中学生になれば、ある程度作品世界を突き放して批評的に読むことが求められるようになります。

この時期、「考える教室」読書に向けて、小学生のときに読んだ作品を意識して違う視点から読み返すように子どもにすすめることがあります。読み返す本は、基本的には子どもが小学生のときに夢中になった本であれば何でもかまいません。何度も読み返すのに価するすぐれた作品はたくさんありますが、なかでも『モモ』は、大人と子どもの時間に対する認識のズレが物語を展開させる推進力となっているため、時間感覚の変化を自覚するうえでぴったりのファンタジーです。この時期に『モモ』を読み返すことで、子どもの時間感覚に奥行きが生まれます。

たいていの子どもは、『モモ』という作品が以前読んだときとまるで異なった印象をもたらすことにおどろきます。そして、自分の時間感覚が知らないあいだに変化していたことに気づきます。冒頭の女子生徒は、そのことを「あのころ、私は自分の町に灰色の時間泥棒なんて一人も見つけられなかったよ」と表現しています。このおどろきが自分なりの目線でものごとを見て、考える第一歩を踏みだす原動力になっていきます。

過去と現在の自分の違いを自覚し、自己を客観視する

小学生のときに夢中で読んだ本を、中学生になって改めて読み返すことで得られるのは、自分の時間感覚の変化に対する気づきだけではありません。

まず、自分にとってなじみのある物語を距離を置いて読むことで、物語の構造を客観的に理解するという視点が育まれます。また、過去の自分と現在の自分との違いを認識し、自己を客観的に理解するという意味もあります。さらに数年前の自分が何をおもしろいと感じたのかを掘り下げることで、自らの興味の方向性に対する理解が深まります。

このように、過去に読んだ作品を読み返すことは、ひとりの人間の内側に複眼的な視点を形成するうえでたいへん有効なのです。

『「モモ」を読む』を読む

『モモ』を読み返すなかで、『モモ』という作品の背景や深層に流れるテーマに子どもが関心を抱いた場合は、『「モモ」を読む』（子安美知子著／朝日文庫）を読むようにすすめます。

『「モモ」を読む』は、『モモ』を貫く精神性の高さの秘密をわかりやすく解き明かしてくれていて、一冊のファンタジーをいかに精緻に読み込めるかということを体験するのに最適な入門書です。

『「モモ」を読む』があまりに見事で説得力にあふれているため、それを読んだ子どもは、エンデが『モモ』を通して伝えたかったメッセージの全貌が明らかにされたかのように思ってしまうかもしれません。そうならないために、子どもに本書をすすめる場合は、『「モモ」を読む』が『モモ』の唯一のガイドラインではないことをきちんと説明する必要があります。

実際、エンデは自分の作品の説明はしないという作家としての立場を貫いており、子安氏も、エンデと親交があっ

たにもかかわらず、本書の序章で、自分の読みをエンデに保証してもらうつもりはないと明言しています。子安氏の『モモ』の読解は非常にすぐれた読みですが、それでも数ある解釈のなかのひとつなのです。

イエスとノーのシグナルを書くことにつなげる

子どもは好きな作品に対して、思い思いのイメージを抱いています。だれかが自分のイメージと一致することをいうと、よろこんで「イエス」のシグナルを出します。反対に、自分のイメージと違う意見には、あからさまに、あるいは心のなかでひそかに「ノー」のシグナルを出します。ほかの人の意見や解説書に感銘を受ける場合もあれば、反対にその解説にまったく同意しないこともあります。

解説書を読み進める過程でも、子どもは心のなかで大きなイエス、大きなノー、小さなイエス、小さなノーといったさまざまなシグナルを発しています。なぜ大きなイエスなのか。なぜ大きなノーなのか。作品世界と取っ組み合いながら自分の内面で発生するシグナルを第三者にも受け取れるように書き表すことが、「考える教室」読書のひとつのゴールです。それは子どものころに出会った作品をきっかけにスタートしたマラソンのひとつのゴールともいえるでしょう。

高校生からの読書

小学生までは、基本的に子どもを子ども世界の住人と考えてかまわないでしょう。しかし、中学校入学以降の、とりわけ14歳から17歳くらいまでのわずか数年間で、子どもは驚くべき早さで大人世界の住人へと歩みを進めます。すでに子どもは、社会人としての責任を問われる年齢に足を踏み入れようとしているのです。

当然、ひとつの作品を読み返す場合も、視点が違ってきます。とりわけ高校入学以降は、作品の提示する世界が、生徒自身のこれから生きようとする現実の世界とどう関わるのかを考える切り口が大切になります。作品を「読む」ことと、現実世界を「読む」ことをつなげて考えることができてはじめて、物語の読解に年齢相応の成熟と柔軟性、奥行きが加わってくるのです。

『モモ』に潜む思想性

この時期の生徒にすすめる解説書に、『エンデの遺言』(河邑厚徳+グループ現代著/NHK出版)があります。この本は現代社会が抱える金融の問題に対する、エンデの思想を理解するうえで格好の入門書です。この本をきちんと読み切るには、経済問題や金融問題に詳しいおとながいっしょに読んで話し合えるような環境を整えることが理想です。

じつは、エンデは作家としてだけではなく、生涯を通して金融の問題を研究した経済研究家としての顔ももち合わせていました。『モモ』という作品には、作家としてのエンデの豊かな精神性のみならず、経済研究家としてのすぐれた思想も投影されているのです。現代の経済危機のメカニズムをある程度理解している読者が『エンデの遺言』を読むと、その先見性におどろかされるでしょう。

小学生で『モモ』に出会い、中学生で『「モモ」を読む』を読んだ子どもが、高校生になって『エンデの遺言』を読んだら何を感じるでしょうか。小さなころに夢中で読んだファンタジーが想像以上の厚みをもった思想書として目の前に現れたら、その体験がその子どもの生涯に与えるインパクトはいかなるものでしょうか。

深みのある物語というのは、ひとつの筋道で解釈しきれないほど豊穣な意味をたたえたものだということを高校生の時期に実感することはとても大切な体験です。この段階をしっかり通過できると、やがては、解説書の助けを借りなくても、自分で筋道を切りひらき、作品世界や現実と対峙する「読み」の領域に到達する可能性が見えてきます。

解説書は読書の補助線

『「モモ」を読む』と『エンデの遺言』、この2冊は同一人物の思想を解説したとは思えないほど、切り口も内容も異なっています。『「モモ」を読む』は、内面世界に根ざした奥深い解釈を提示してくれます。一方、『エンデの遺言』では、現実世界に向き合おうとする覚悟に裏打ちされた読解が展開されています。

どちらもすぐれた解説書ですが、すぐれた解説書であればあるほど、その扱いには注意が必要です。

解説書を読んだ子どものほとんどは、小学生のときに夢中で読んだファンタジーに想像以上に深いメッセージが込められていたことに驚嘆します。しかし、解説書という他人の描いた地図を頼りに作品世界を歩き終えたら、それでその作品世界を読み切ったといえるのでしょうか。もちろんそうではありません。

わたしたちは、最終的には自分の足で作品世界を歩き回れるようにならなければなりません。解説書はときとして、そのために必要な感覚を鈍らせてしまうこともあります。解説書は、子どもの読みの視野を広げるために補助的に用いられるべきで、子どもの感覚を鈍らせるような用い方をされるべきではありません。読書指導に携わる者は解説書の効用をよく理解したうえで、それを子どもに与える必要があります。

子どもが自分自身の力で作品世界を歩き回るのに必要な感覚をみがくには、たくさんの作品世界を旅することが必要です。これが読書指導において、多読を必要とする理由のひとつです。「考える教室」読書では、物語文、批評文だけにとどまらず、絵画や映像も読みの対象となります。そのことが、やがて自分自身の力で作品世界を歩き回るための感覚を鍛え、現実の世界のなかで、何が本質なのかを見きわめる力へとつながっていくのです。

解説書を与えてもよい時期と指導者の役割

解説書を与えてもよい時期は、単純に学年では決められません。子どもの内面に、過去に読んだファンタジーのイメージが消えずに残っていて、なおかつ、その子どもがそのイメージと適切な距離で関われるようになったときが、解説書を与えるのにふさわしい時期です。指導者の役割は、そのころ合いを見極めることです。

指導者の見極めが成功したときには、子どもは解説書の助けを借りて、内面に息づく作品のイメージをゆがめることなく、そのイメージと距離を取ることができるようになります。そうすることで作品に込められたメッセージを多角的な視点から読解する能力が高まるのです。

この能力が、思春期特有のさまざまな葛藤を乗り切るための助けになる場合もあります。自分の内面の葛藤とじょうずに距離を取りながら、それを客観的に観察したり分析したりすることで、微妙な時期をうまく乗り切ることができるようになると、子どもの言語化能力が飛躍的に高まります。

しかしながら、現実には、子どもが小中高と成長していく過程を、ひとりの指導者が一貫して関われるようなぜいたくな環境というのはなかなかありません。とりわけ通常の学校教育においてはまれなことでしょう。ですから、そのときどきで子どもと関わる指導者が、解説書を与える時期を見極める必要があるのです。

解説書を読む前に原典を読む

物語を読むのが好きな子どもは解説書を先に読むようなことはしません。解説書を先に読んでしまうと、物語を読むおもしろさが半減してしまうことを知っているからです。しかし、大人になるにつれて、物語を読む前に解説文を読もうとする傾向は高まります。ビジネス書を読む場合にはその方法は有効かもしれませんが、ファンタジーを読む場合にはそれはあてはまりません。

わたしたち大人はついこんな風に考えがちです。

「大人はいそがしい。子どものための空想の物語にゆっくりとつきあっている時間はない。要はこの物語が何を語ろうとしているかがわかればよいのだ……」

この「要は……」という表現がくせ者です。論理的に処理できる問題であれば、「要は……」ということばは有効です。しかし単純な論理では処理し切れない問題に出くわした場合、「要は……」ということばを使うことで、わたしたちは多くのことを取り逃がしてしまいます。

大人が『モモ』の原典を読む前に『エンデの遺言』を読んでしまうと、「エンデは、要は地域通貨の使用を推進しようとしていたのだ」という短絡的な結論にいき着いてしまいかねません。そのような単純な結論を主張するためだったら、エンデはわざわざファンタジーなど書かずに経済学の論文を書いたでしょう。

ファンタジーを読む際は、物語の世界を単純な知識や情報に性急に還元しないことが大切です。それはイメージの世界で遊ぶ楽しさを味わうためにも重要です。

生涯を通しての読書

『モモ』以外にも、生涯を通して何度も読み返すべき作品はいくつもあります。読書指導には、この「生涯を通しての読書」という視点が求められます。読書指導は、推薦図書を一冊読ませて感想文を書かせれば終わりというほどかんたんなものではありません。それは大げさではなく、実際にひとりの人間の一生に関わるほどの重みのある仕事になる場合もあるのです。

『モモ』の再読を例に「考える教室」読書における読書指導について解説しましたが、子どもが夢中になる本はそれぞれまったく異なる世界を体験させてくれます。子どもは、一冊の本に夢中になるごとに、生涯かけても語り尽くせないほどの体験をするのです。そうした体験の積み上げを感想文という形で性急にことばに落とし込み、無理矢理終わらせるのはもったいない話です。生涯をかけるつもりでゆっくりと消化していけばよいのです。

『エンデの遺言』には、ファンタジーに関するエンデ自身のことばが収められています。

ファンタジーとは現実から逃避したり、おとぎの国で空想的な冒険をすることではありません。ファンタジーによって、私たちはまだ見えない、将来起こる物事を眼前に思い浮かべることができるのです。私たちは一種の予言的能力によってこれから起こることを予測し、そこから新たな基準を得なければなりません。

このように語るエンデは『モモ』という作品において、「生きる」ことの本質と「時間」との結びつきを徹底して探究しています。すぐれたファンタジーは、書かれてからどれだけ長い時間が経過しても、読者の「いま」と出会うことで何度でも再生します。ファンタジーは現実を変えてはくれません。しかし、現実を変革するための意志とインスピレーションの源泉となってくれるのです。

「考える教室」読書を修了した後も、子どもは生涯において、本だけでなく、さまざまな読みの対象と対話する時間をもつでしょう。その時間が、エンデのいうように、生きることそのものであることを何度でも思い出すこと。「考える教室」読書の指導とは、どこか特定のゴールを目指すというより、その過程を支え続けることを目指す指導といえるでしょう。

コラム4

「考える教室」読書に必要な環境づくり

内なるモモの誕生

章の冒頭に紹介した女子生徒は、小学校4年生で『モモ』を読み、中学生になってそれを再読しモモに手紙を書くことで、自分の内面の変化に気づきました。

手紙を読むと、彼女とモモとのあいだで親密な対話が成立していることがうかがわれます。これは小学4年生の段階で『モモ』という作品と出会ったことで、彼女の内面にいきいきした「モモ」のイメージが形成されたためです。

中学生になった彼女が手紙を書いている相手は、エンデがつくりあげた「モモ」であると同時に、小学校時代に彼女の内面で誕生した「内なるモモ」でもあります。ファンタジーの登場人物を内面化し、それと対話するのは、この時期の子どもにとっては自然なことです。

ほとんどの子どもはこの時期をなんとなく通り過ぎてしまうものですが、そこで少し立ち止まってみることで、思いもよらぬ貴重な洞察を手にすることがあるのです。「内なるモモ」に向けて書いた少女の手紙はその好例です。

こうした体験は、夢中になれるファンタジーと小学生のときに出会っていたからこそできたことです。小学生で良質なファンタジーと出会うことで、立体的で奥行きのある「内なる主人公」が子どもの内面に形成されるのです。

ファンタジーと出会う幸せ
——小学校時代の読書

小学生のころはもっとも幸福に物語とつきあえる時期です。それはこの時期の子どもがもっている、大人とは明らかに異なる時間感覚と関係しています。この時期に読書の楽しみを知った子どもは、物語の世界に入り込み、その世界で遊ぶことのおもしろさをよく知っています。

小学校4年生で『モモ』という作品に没頭する機会に恵まれた彼女にとって、モモとの対話は、自らの内面の変化を映し出す鏡のようなはたらきをしてくれています。少女はモモへの手紙で、モモと出会ったころの自分は「抱えきれないほどの時間の花を持っていた」と書き、小学生のころの幸福な時間感覚をみごとに表現しています。それは自分の過去を振り返ってはじめていえることです。

小学生のころは、ファンタジーの世界を旅するのに最良のタイミングです。子どもは自分の呼吸、自分の時間感覚に基づいてファンタジーの世界を自由に旅します。そんな子どもに対し、物語について余計な解説を加えることは、子どもの読書の妨げになることもあります。この時期の読書指導のポイントは、指導者の側が子どもに特有の時間感覚を尊重することです。作品に対する解釈を子どもに伝えるのはこの先の段階でよいのです。

「考える教室」読書へ

物語のメッセージを、客観的に理解するのにふさわしい時期は、中学校へ進学する前後に訪れます。この時期の子どもに、自分の変化や成長に気づかせるヒントを与えることは、この時期を実り多いものにしてくれるはずです。小学生のころに夢中になった物語を再読することや、その物語についての解説書を与えることは、そのための有効な方法です。

「考える教室」読書では、それまでの読書とは明らかに異なりながらも、それまでの流れを断ち切らないような配慮が必要です。子ども時代の読書における時間感覚とのつながりを断ち切ることなく、より高度な思考へと誘うこと。そのことが本質的な思考力を養うことにつながるのです。それこそが「考える教室」読書の目指す大切な目的なのです。

あとがきにかえて

国語専科教室のプログラムは、子どもの発達段階を考慮した、長期に渡る体系的な読書指導の、ひとつのモデルであることをめざしています。

およそ教育に携わったことのある者で、子どもたちに読書をすすめなかった人はいないはずです。ところが、かけ声は大きく、いうのは易いのに、いざ長期に渡った実践に移すとなると、読書指導ほどむずかしいものはないというのが、わたしの率直な意見であり実感です。それゆえ、学校においても私塾においても、読書指導は、ごく一部の教師の個人的実践を除いてほとんどなされていません。

その理由はいくつかあります。まず、多くの大人、あるいは教師そのものが読書をしていません。とりわけ、内外の児童文学に精通している教師が極めて少ない。つぎに、子どもの発達段階を踏まえた長期に渡った本格的で体系的な読書指導が、残念なことに日本では確立されていないために、指導する教師の個人的・趣味的な読書指導の範囲を超えられません。

第三に、国語という教科との関連で、目的と手段の転倒が起こっています。つまり、ほんらいは、むずかしい本を根気よく読み通すことができるようになるためにこそ、国語を勉強するのですが、国語の成績を上げるために読書するという転倒がまかり通っています。

第四に、読書は自由だということです。すなわち、本には「読まない」という自由すらあり、それを強制したとたんに読書そのものの意味がなくなります。学校で蔓延している読書感想文こそ、その罪を犯しているでしょう。

いまの日本の教育は、学校や成績にとらわれすぎていて、人生の生き方や死に方、そして生きていくのに大切なことは何ひとつ教えてくれません。ところが、学校では学べない読書の世界、すなわち先人の書いた書物を、時間をかけてゆっくりとひもとくとき、そこには、先人たちの築き上げてきた知恵や勇気や個性が、無限といってもいいくらい豊穣に咲き乱れ、花開いています。ほんとうのことをいうと、人は学校がなくても、この人類の世界遺産である読書世界を知ることで、力強く学び、生きていけるのです。

読書などしなくても人生で成功する人はたくさんいます。とりわけ経済的な成功者に、そのような人は多いでしょう。経済は、人と人を結びつける大切なものです。しかし、人生をそれだけで過ごしてしまうのは、せっかく生まれてきたのにあまりにももったいない。

読書の目的について、ひとつだけどうしても指摘しておきたいことがあります。それは、活字で書かれた本を読むのはあくまでも練習でしかないということです。活字になったものは、すでに過去のできごと、そして、自分以外の視点から書かれたことです。本から眼を上げてみましょう。すると、眼の前に広がる世界があり、そこには、自分のまなざしと生きている現在があるのです。わたしたちは、本とともにその自分の生を未来に向かって力強く生きるべきなのです。

■著者紹介

工藤順一（くどう・じゅんいち）

国語専科教室代表
1949年青森県に生まれる。
日能研、ナカゼ東進教育研究所などを経て、1997年、国語専科教室をひらく。以降「きちんと本にかじりつく子どもを育てる」「文章の書ける子どもを育てる」をモットーに、一貫してほんとうに本好きな子ども、自分で考える子どもを育てている。

[おもな著書]
『なつかしい未来の世界—荒川修作の仕事』（新曜社）、『国語のできる子どもを育てる』（講談社現代新書）、『これで書く力がぐんぐんのびる!!』（合同出版）、『作文王　プライマリー・スタンダード・トップレベル』（学習研究社）、『文書術』（中公新書）など多数。

国語専科教室

●執筆担当

吉田真澄（よしだ・ますみ）　第1章担当

大学卒業後、児童書出版、販売業に従事。子どもたちに読んでほしい本と実際に売れる本とのギャップに疑問を懐く。国語専科教室に参加してからは、子どもが読む本の質と国語力の関係を追究。読書指導の重要性を訴え続けている。雑誌で児童書評を連載するなどの執筆活動に加え、子どもと本に関する講演会もおこなっている。

木谷紗知子（きたに・さちこ）　第2章担当

大学在学中から、書評、短編小説、児童文学、エッセイを発表。アメリカにおいて小学生の教育、帰国後は研究者への日本語指導に関わる。国語専科教室で「子どものなかにすでにあるよきもの」が読書によって輝きを増し、書くことで表に顕れる、その過程に日々、立ち会っている。

伊藤雄二郎（いとう・ゆうじろう）　第4章担当

銀行退職後渡米。心理学のマスターを取得して帰国。深層心理学やコーチングの手法を日本に紹介。その過程で日本語教育の重要性に気づき2001年より国語専科教室に参加。おもにハイレベル、トップレベルの生徒を指導。2011年4月から英語クラスを開講予定。法政大学キャリアデザイン学部講師。

石塚 廉（いしづか・れん）　第2章担当

大学在学中の2005年から国語専科教室に参加。教材開発やカリキュラムの整備に携わっている。プライベートでは、バンドで10年以上、ドラムやパーカッションを演奏している。授業ではその経験を生かし、インタラクティビティ＝ライブ感を大切にしながら、客観的かつ論理的な言語運用技術の指導を心がけている。プライマリークラスから「考える教室」まで、全クラスの指導をしている。

平沼純（ひらぬま・じゅん）　第3章担当

大学、大学院で教育心理学を専攻。2007年から国語専科教室に参加。教材の開発や整備などに携わっている。「理論と実践のバランスの取れた融合」「自律的に学ぶ力の育成」を目標に、小学生から高校生までを指導している。

■国語専科教室へのお問い合わせ
教室の詳細は以下のホームページをご覧ください。
http://www.kokusen.net/

これで読む力がぐんぐんのびる!!

2011年4月1日　第1刷発行

著　者　工藤順一＋国語専科教室

デザイン　岡田恵子（ok design）
装　画　川添むつみ

発行者　上野良治
発行所　合同出版株式会社
東京都千代田区神田神保町1-28
郵便番号　101-0051
電話　03(3294)3506 ／ FAX　03(3294)3509
URL　http://www.godo-shuppan.co.jp
振替　00180-9-65422
印刷・製本　新灯印刷株式会社

■刊行図書リストを無料送呈いたします。
■落丁乱丁の際はお取り換えいたします。

ISBN978-4-7726-1014-8　NDC817　257×182

付録 「つっこみカード」をつくって本にはさもう

レッスン13を参考に、つぎの「つっこみカード」をはさみながら本を読んでみましょう。

また、自分なりの「つっこみカード」をつくってみましょう。

①定義する
～とは
どういうこと
だろうか？

（メモ）

②比較する
ＡとＢとの違い、
同じところは
何だろうか？

（メモ）

③具体化する
～をもっと
具体的にいうと
何だろうか？

（メモ）

④抽象化する
～は何を意味して
いるのだろうか？

（メモ）

⑤疑う
ほんとうに？
なぜ～といえる
のだろうか？

（メモ）

⑥反対する
～ということには
あまり賛成
できないな

（メモ）

（メモ）

（メモ）

キリトリ線

キリトリ線